1789

AUSGABE FÜR DIE BUNDESREPUBLIK DEUTSCHLAND,
WEST-BERLIN, ÖSTERREICH UND DIE SCHWEIZ

SCHUTZUMSCHLAGENTWURF: ARTBOX, BREMEN
GESAMTHERSTELLUNG: CLAUSEN & BOSSE, LECK
PRINTED IN GERMANY
ISBN 3-7979-1508-x

EGON ERWIN KISCH

Reportagen von der Seefahrt

1914–1924

Stalling

Inhalt

Ein Spaziergang auf dem Meeresboden

Die Taucherplätte fährt, gefolgt vom Ambulanzwagen für Taucherunfälle, auf dem die Dekompressionskammer ist, zur Suchstelle. Dort wird das Lot ausgeworfen. Siebzehn Meter zeigt die Senkschnur.

Ich bin abergläubisch, und siebzehn ist – wie ich schnell ausrechne – die Summe von dreizehn und der an sich bedeutungslosen Zahl vier. Die »dreizehn« stört mich – kein gutes Omen. Aber jetzt ist nichts mehr zu machen. Ich bin nicht schuld, wenn es schlecht ausgeht. Der Taucher von Schiller ist schuld mit seiner Wichtigtuerei und seinem ewigen Abraten: »Da unten aber ist's fürchterlich, und der Mensch versuche die Götter nicht . . .« und so weiter. Ich lasse mir aber nun einmal nicht abraten. Justament nicht.

Und den Gürtel werf' ich, den Mantel weg und auch Gamaschen, Stiefel, Rock und Hosen. Es waren keine Ritter da und Frauen, den kühnen Jüngling verwundert zu schauen. Und wennschon: meine Wäsche habe ich ja anbehalten. Darüber kommen noch eine Unterhose und zwei Hemden aus Trikot und außerdem der Taucheranzug. Er ist aus gummigetränktem Stoffe und aus einem Stück geschnitten und paßt für alle Körpergrößen mehr oder weniger. (Mir: weniger.) Über die Schenkel bis zu den Hüften kann man ihn noch selbst hinaufziehen, dann muß man aufstehen, mit angezogenen Ellenbogen die Hände auf den Bauch pressen, und zwei Henkersknechte zerren das Gewand so hoch hinauf, daß der Kautschukkragen den Hals umschließt. In die engen, allzu engen Kautschukmanschetten hilft dir ein Tauchergehilfe mit zwei schuhlöffelartigen Dehnern. Man bedenke: Trikotwäsche, Kautschukmanschetten! Es ist doch gut, daß keine Ritter da sind. Ein gestreifter Zwillichanzug wird übergezogen, das Gummikostüm zu schonen. Na, ich muß ja fein aussehen! Um den Hals und über die Schultern stülpt man mir den metallenen Koller, den kugelrunden Kupferhelm hebe ich mir selbst auf das Haupt. Der Gummikragen des Anzuges, der Helmkragen und der Helmkopf werden nun von eifrigen Händen und mächtigen Schraubenschlüsseln zu ewiger Einheit geschmiedet. Zum Glück ist das mittlere der drei Rundfenster (ein viertes, ungefähr in Stirnhöhe, ist vergittert) noch offen, so daß ich auf normalem Wege atmen, hören und sprechen kann. Inzwischen sind meine Füße zu Blei geworden, denn riesige Rindlederschuhe mit Sohlen aus diesem Metall wurden mir umgeschnallt, jeder sechs Kilo schwer.

Ich schleppe mich, unfreiwillig die Gangart des Golems kopierend, zur Taucherstiege, die vom Deck ins Meer führt. Allein auf der dritten Stufe habe ich, das Gesicht gegen das Boot gewendet, stehenzubleiben. Ich bin also nur bis zu den Hüften im Wasser und muß meinen Kopf auf das Deck legen – die Schwere des Helmes würde mich sonst umwerfen. Das Bleigewicht der Füße spüre ich nicht so sehr, da sie im Wasser sind. Man hängt mir einen stolzen Orden um den Hals, wie ein Lebkuchenherz aussehend und ebenso groß. Er ist aber keineswegs aus Lebkuchen, sondern aus Blei und wiegt zehn Kilogramm. Das Rückenblei – mir bleibt doch nichts erspart auf dieser Welt! – wiegt sieben. Indes ich, die Stirne reuig auf den Erdboden gepreßt, alles mit mir geschehen lassen muß, schnallt man auf meinem Rücken auch noch den Lufttornister an. Der ist durch den Luftschlauch mit der vierzylindrigen Luftpumpe an Bord der Taucherplätte verbunden und führt durch ein Rohr im Helm und den kleinen Atmungsschlauch in meinen Mund. Guter Tornister, du wirst da unten mein einziger Freund sein, nicht wahr, du wirst für mich sorgen? Du weißt doch: für je zehn Meter Wassertiefe schenkst du mir

Luft von einer Atmosphäre mehr. Braver Tornister! (Ich streichle ihn geradezu mit meinen Gedanken.)

Noch ist die Ausrüstung nicht vollendet, die zum »Skafander« – so nennt die Marine den Tauchapparat Rouquayrol-Denayrouze – gehört. Ein Hanftau, die Führungsleine, schlingt man mir mittels eines Leibstiches um die Hüften, Handschellen aus Kautschuk preßt man mir über die Gelenke, damit die Gummimanschetten noch fester anliegen und meine Hand sich blutig rötet, und einen Dolch in bronzener Scheide reicht man mir, und ich stecke ihn in den Gürtel. Ha, jetzt sollen sie nur kommen, die Haifische und Delphine – oder die Seeschlange!

Der Tauchermeister dämpft meine kriegerische Stimmung etwas herab. Er ist ein erfahrener Mann, hat schon manches Schiff auf dem Meeresgrund betreten und wurde oft geholt, in Seen und Flüssen des Binnenlandes zu tauchen; unter anderem hat er im Veldeser See nach der versunkenen Glocke gesucht. Er ist ein erfahrener Mann, und auf sein Wort muß man hören, solange das Mittelfenster des Helmes noch offen ist. O weh, wie viele Lehren gibt er mir! Ich muß, um Gottes willen, immer das Mundstück des Atmungsschlauches schön im Munde behalten und kann, um Gottes willen, ja nicht durch die Nase atmen und soll, um Gottes willen, ja nicht die Führungsleine loslassen und darf, um Gottes willen, die Orientierung nicht verlieren, und wenn ich Nasenbluten oder Ohrensausen bekomme, so macht das gar nichts, und ein Ruck an der Führungsleine bedeutet, daß ich den Grund erreicht habe, zwei Rucke, daß ich zu wenig Luft habe und daß man daher oben rascher pumpen müsse, drei Rucke bedeuten Gefahr, vier, daß ich nach rechts, fünf, daß ich nach links, sechs, daß ich zurückgehen will, und ähnliche Dinge. Das hätte er mir früher sagen sollen, der Herr Tauchermeister, dann hätte ich mir's wohl überlegt . . .

Aber schon wird an der Luftpumpe gearbeitet, ich habe das

Mundstück, das vor mir einige hundert wackere Taucher in den Mund genommen haben, zwischen Zähne und Lippen gepreßt, und das letzte Fenster wird mit erschreckend großen Schlüsseln festgeschraubt. Ade, schöne Luft, die man da oben nach Gutdünken einatmen kann, durch Mund oder Nase, in x-beliebigen Atmosphären . . . Ich bin hermetisch von dir abgesperrt, ich sehe dich, aber ich fühle dich nicht mehr! Ade!

Es geht die Treppe abwärts, meine rechte Hand umklammert die Führungsleine, die linke ist frei. Ein paar Stufen, dann hört die Treppe auf, und ich schwebe, schwebe tief hinab. Ich segne das verfluchte Gewicht auf meinen Stiefeln, – das bewirkt jetzt, daß ich meine Abwärtsfahrt in aufrechter Haltung zurücklege und mit den Füßen zuerst auf den Meeresboden komme. Nun, ehrlich gesprochen, ich segne meine Bleisohlen derzeit nicht, ich habe ganz andere Dinge im Kopf.

In Augenblicken der Erregung pflege ich mir vor allem eine Zigarette anzuzünden – daran ist jetzt nicht zu denken. Ich denke zwar doch daran, aber ich weiß, daß es nicht möglich ist, und so verzichte ich. Ich denke also an andere Dinge, an die ich in meinem Leben noch nicht gedacht habe: daß du mir nicht durch die Nase atmest, Kerl, und daß du das Mundstück um Gottes willen nicht aus dem Maul fallen läßt, der Helm, zum Teufel nochmal, ist der Helm schwer! Nein, das ist nicht der Helm, das wird der Wasserdruck sein, siebzehn Meter, keine Kleinigkeit. Nein, auch der Wasserdruck ist es nicht, es ist der Kautschukanzug, der drückt das Blut aufwärts gegen den Kopf und schröpft mich; wie war das doch, was der Tauchermeister sagte, ein Ruck heißt hinaufholen, zwei Rucke heißen, daß ein Haifisch da ist, drei Rucke bedeuten Kautschukmanschetten, vier Rucke, daß ich nach links will . . . Aber schließlich gewöhne ich mich daran, auf dem Meeresgrunde zu sein. Ich trete meine Wanderung an und komme mir wie ein Kind im Storchenteiche vor. Nun, da bin ich eigentlich doch schon weiter: die Nabelschnur fehlt mir nicht, und sogar einen Gummilutscher habe ich im Mund. Nicht verlieren, Bubi, sonst kommt der böse Tauchermeister!

Nur meine Hände sind nackt und greifen in die Nässe, es ist keine Feuchtigkeit zu spüren, bloß zu sehen. Rings um mich überall Wasser, blaues Wasser. Ich gehe trockenen Fußes durch das Meer: das Wunder, das der Gesamtheit der Kinder Israels widerfahren war, vollzieht sich nun an mir einzelnem. Ich tappe schweren Schrittes über kalkige Steine, Austermuscheln und Muschelkalk, überwachsen mit Seegras, Algen, Tang, Moos oder Gott weiß was. Dort die Muschel will ich aufheben, sozusagen als Edelweiß des Meeres; ich lege sie mir dann zu Hause auf den Schreibtisch als Andenken für mich, und wenn mich Besucher nach der Besonderheit dieser Muschel fragen, so bemerke ich leichthin: »Ach nichts, die habe ich einmal so vom Meeresgrund aufgelesen, siebzehn Meter unter der Oberfläche.«

Ja, hat sich was mit »aufgelesen«. Ich knie nieder, um sie »aufzulesen«. Aber erstens kann ich sie nicht packen, denn bald greift meine Hand viel zu nahe, bald viel zu weit. Ich habe zwar in der Schule einmal etwas von der Brechung des Lichtes im Wasser gehört, ohne es zu glauben. Es ist doch so, – ich kann die Muschel nicht finden, die ich vor mir sehe. Schließlich finde ich sie. Sie ist aber so fest angewachsen, daß ich sie nicht loskriege. Ruhig fasse ich eine andere – ganz vergeblich, auch die bewegt sich nicht. Na, liegt auch nichts dran, ich kaufe mir morgen irgendeine Muschel und lege sie auf meinen Schreibtisch. Nach ein, zwei Jahren werde ich schon selber steif und fest glauben, daß ich sie vom Meeresgrunde aufgelesen habe.

Ich stehe auf und gehe weiter. Also, dieser Schillersche Taucher, das war ein Lügner: es wallet nicht und siedet nicht und brauset nicht und zischt nicht, und kein dampfender

Gischt spritzt bis zum Himmel, und von Salamandern und Molchen und Drachen, die sich laut Aussage des Mauldreschers der Ballade hier in dem »furchtbaren Höllenrachen« regen sollen, habe ich nichts bemerkt, geschweige denn von einem grausen, zu scheußlichen Klumpen geballten Gemisch des stachlichten Rochens, des Klippenfischs und des Hummers greulicher Ungestalt, auch wies mir nicht dräuend die grimmigen Zähne der entsetzliche Hai, des Meeres Hyäne. Schiller ist da einem Hochstapler tüchtig aufgesessen. Oder hat sein Taucher in submariner Angst in den braven Sardinen so grimmige Meeresungeheuer gesehen? Die schwimmen nämlich wirklich in großen Mengen umher, kommen bis an mein Visier und schauen mir treuherzig in die Augen. Sie halten mich wohl für irgendeines der seltsamen, leblosen Dinge, die ihnen in den Kriegsjahren von freundlicher Seite als Spielzeug auf den Meeresgrund gesandt wurden. Da ich mir ein solches Fischlein haschen will, springt es schnell davon. Nach einem mehr als halbstündigen (dreiunddreißig Minuten, um präzis zu sein) Spaziergang komme ich ohne irgendein Corpus delicti an das Tageslicht. Und doch habe ich das Meer von Grund auf gesehen und ein Erlebnis gehabt, das mir nirgends vorgekommen ist, außer heute auf dem Meeresgrunde. Auf die Gefahr hin, daß man mich für einen noch größeren Aufschneider halten werde, als ich den Taucher Schillers, will ich es verraten: Ich bin während der ganzen Promenade keinem Bekannten begegnet.

Die Weltumsegelung der »A. Lanna 8«

I. Von Prag nach Pressburg über die Nordsee

An Bord der »A. Lanna 8«,
auf hoher See, 8° 30' ö. L.;
53° 58' n. B.; 6. Okt. 1920.

Preßburg liegt südöstlich von Prag. Also muß man, wenn man von Prag nach Preßburg will, zuerst nördlich fahren, immer nördlich, bis dorthin, wo der europäische Kontinent aufhört, Kontinent zu sein, hinter Hamburg, hinter Cuxhaven, noch immer nördlicher bis in die Nordsee. Und dann nach Westen, auf Kanälen und Flüssen unausgesetzt nach Westen, über die Weser bis zur deutsch-holländischen Grenze und weiter bis zum Rhein ... Das ist so die Logik der Wasserstraßen ...

Preßburg liegt 350 Kilometer von Prag entfernt, etwa 250 von Budweis. Die Moldau hat (bei Hohenfurt) einen Abstand von bloß 35 Kilometern von der Donau (bei Linz). Aber will man von der Moldau auf die Donau, so muß man 2170 Kilometer fahren, »bis Babitz«, sechs Wochen lang, acht Wochen lang – ich weiß noch selbst nicht, wie das alles werden soll. Moritzl, wo hast du dein linkes Ohr?

Der Tender »A. Lanna 8«, der bisher beschaulich im Holleschowitzer Hafen oder am Frantischek lag oder Elbkähne für die Moldauregulierung schleppte oder Kohlenkähne aus Aussig am Gängelband schleifte, ward plötzlich zu Höherem ausersehen: zu Baggerungsarbeiten muß er nach Bratislawa. Dort soll ein Hafen für zwei Millionen Tonnen ausgebaut werden, und für die Arbeiten braucht man die Moldauflottille. Wie sie hinkommt? Die tschechoslowakischen Eisenbahnbehörden gaben die Auskunft: »Per Bahn geht das nicht.« So fuhr »A. Lanna 8« – als erstes Schiff der Republik, das von Prag nach Preßburg auf dem Wasserwege abgeht – am Donnerstag, dem 23. September 1920, um sieben Uhr früh, vom Holleschowitzer Hafen mit sechs Tonnen Kohle ab. Es ging bis Mirschowitz, dann Lobositz und weiter nach Aussig, wo vier Tage Aufenthalt war, bis wir endlich am 30. einen Waggon Kohle von Petschek nehmen konnten. Auch ein Haupter kam hier an Bord, der um 1400 Mark unser Schiff nach Dresden, Koswig, Werben, Lauenburg führte. Am 4. Oktober, um zehn Uhr vormittags, legten wir in Hamburg am Zollkanal an.

Vom Kai des Dowenfleth und von der Wandrahmbrücke schauten die Mädchen in kurzen Röcken interessiert auf den niedrigen Dampfer mit den neuen Farben. Und wir, wir schauten vom niedrigen Dampfer mit den neuen Farben nicht minder interessiert zu den Mädchen in kurzen Röcken auf dem Kai des Dowenfleth und auf der Wandrahmbrücke hinauf.

Ein neuer Lotse kam an Bord, der uns für 1300 Mark über das Wattenmeer nach Wilhelmshaven führen soll, und an der Landungsbrücke stand wieder ein Flußlotse, der uns in Wilhelmshaven erwarten und durch die Kanäle und über Rhein und Main auf die Donau bringen wird; der kriegt 8000 Mark. Der Seelotse besah unsern Kasten mit unverhohlenem Mißtrauen. Aber schließlich (1300 Mark sind viel Geld!) sagte er, es werde schon gehen, und traf einige Sicherheitsmaßnahmen. Eine Abflußgatte für Meerwasser, das bei Seegang auf Deck schlagen könnte, müsse hergerichtet werden; der herbeigeholte Schlosser verlangte dafür 300 Mark, woraufhin wir uns die Abflußgatte selbst in die Bordwand hackten. Das Rettungsboot, bisher frei auf den Klampen ruhend, wurde mit Ketten seefest gemacht. Der Kamin wird durch Trossen gestützt werden müssen, aber vorläufig schieben wir diese Arbeit noch auf, da wir Elbbrücken zu passieren haben. Wir nahmen vier Tonnen Steinkohle, ein Kompaß wurde eingeschifft, die große Seekarte auf dem Kapitänsstand aufgespannt.

Mittwoch, den 6. Oktober, 10 Uhr 35 Minuten vormittags, stachen wir, erstes Schiff tschechoslowakischer Flagge, von Hamburg aus in See. Durch den Binnenhafen und den Niederhafen fuhren wir, rechts Sankt Pauli-Landungsbrücken, die Hallen des Elbtunnels, der Riesen-Bismarck schaut vom Postament auf den Tender mit der rot-blau-weißen Flagge, dann sind wir en face der Davidstraße, Altona, gestern abend waren wir darin, in ihren Seitenstraßen, Heinrichstraße, Marienstraße, Friedrichstraße bis zur Reeperbahn. Lupanar an Lupanar, eine Welt, in der sich unter dem Schreien von Musikautomaten in Riesenschaukeln und Karussellen und Kinos und Hippodromen und Schenken und Schaubuden und Tanzrädern der tollste Weltgroßhandel der Sexualität vollzieht. Steuerbords bleibt hinter unserem Schiff der Steinwärder zurück mit dem verödeten Hapaghafen; die Schiffe sind abgeliefert, davor aber sehen wir gleichzeitig ein eisernes Firmament von tausendfach ineinandergeschobenen Gerüsten und Gestängen, die Werft »Blohm und Voß«, Hellinge und Docks sind besetzt, Krane fahren aufwärts und seitwärts, Hämmer dröhnen, und auf der Vulkanwerft ist es nicht anders.

An Heringsloggern aus Rügen fahren wir vorüber, an Islandfischern von Cuxhaven, an Segelschiffen, die das weiße Kreuz auf rotem Grund tragen, wenn sie aus Dänemark, und das gelbe Kreuz auf blauem Feld, wenn sie aus Schweden sind, ein amerikanischer Kargodampfer überholt uns bei Blankenese, fast immer eilen die Matrosen an die Reling, rufen ihre Offiziere herbei und zerbrechen sich sichtlich die Köpfe über das Liliputanerschiff mit unbekannten Farben.

Von einem deutschen Dreimastschoner werden wir durch das Sprachrohr angepreit: »Halloh! Was haben s' da für Flaggen?«

Wir haben leider kein Sprachrohr an Bord, können keine Antwort geben, und der Dreimaster fährt mit unbefriedigter Neugier von dannen.

Auf Finkenwärder arbeitet die Deutsche Werft, weit rückwärts ist ein Komma auf dem Horizont: der Kirchturm von Buxtehude; dort übt ein Schmied von alters her sein Gewerbe aus und ist so populär, daß temperamentvolle Frauen ihren schlappschwänzigen Ehegatten die Verwünschung zuzurufen pflegten, sie mögen sich vom Buxtehuder Schmied eine Eisenstütze zur Stärkung ihrer Energie anschmieden lassen. Aus dieser ehelichen Verwünschung ist dann die Redensart »Geh nach Buxtehude« geworden und in Gegenden gedrungen, von wo der Weg in dieses »Eisenach« (dieses Wort ist in Analogie zu »Steinach« gebildet) zu weit wäre! Backbords und steuerbords wird das Land immer kahler und flacher, es paßt sich gleichsam in seiner Form dem Meere an, und schließlich sieht die Heide nicht bloß wie erstarrte See aus, sondern sie ist noch wellenloser als diese. Nur hie und da dreht eine Windmühle ihr Hakenkreuz, als winke sie uns zu, »hier ist noch deutscher Boden«. Punktiert sind schmale Sandbänke von rastenden Möwen. Unsere Straße ist von roten und schwarzen Bojen markiert – wir brauchen den Kompaß nicht zur Steuerung.

Hinter den Kegelschloten der Brunsbütteler Zementfabrik (»hier sieht's wie in Podol aus«, sagt Struha, der alte Maschinist) fahren wir an der Mündung des Kaiser-Wilhelm-Kanals vorüber, er führt nach Kiel, in die Ostsee. Links Hannover. Rechts rückt die schleswig-holsteinische Küste immer weiter und weiter. Mit dem Glas luge ich nach den Helgoländer Felsen aus. Aber ein Moldautender ist kein Aussichtspunkt.

Die Elbe ist hier schon meerhaft. So weit sind die Ufer!

Grünlich wird das Wasser. Der Nordwestwind läßt das Schiff rollen. Der Tag macht seine Polster zurecht und blinzelt schläfrig.

Gasflammen auf Leuchtbojen, die auch tagsüber brennen, werden sichtbar. Die Flut schlägt uns entgegen, verzögert das Tempo der »A. Lanna 8«. Salzig und naß ist die Kälte, die sich uns in Mund und Poren drängt. Manche Leuchttürme sind ruhigen Blicks, andere zucken ununterbrochen mit den Wimpern. Um sechs Uhr fahren wir den großen Kai von Cuxhaven entlang. Vor sechs Jahren habe ich ihn auch gesehen, den großen Kai von Cuxhaven. Da war er schwarz von Menschen, von jubelnden Zehntausenden, die den größten Dampfer der Welt sehen wollten. Ich stand oben auf dem Promenadendeck, elf Stockwerk hoch, und nur durch den Zeiß konnte ich die Gesichter da unten unterscheiden. Die Bordkapelle spielte: »Muß i denn, muß i denn zum Städtle hinaus . . .«, unsere schwimmende Stadt fuhr ab, Tücherschwenken.

Wehmütiger als damals die Abfahrt muß mich heute die Ankunft stimmen. Von unten blicke ich zum Molo empor. Und kein Mensch ist auf dem herbstabendlichen Steinwall zu sehen. Nein, es ist nicht mehr das größte Schiff der größten Flotte, auf dem ich da bin. 8 Tonnen hat »A. Lanna 8«, 55000 hatte die »Vaterland«. Keines ihrer Rettungsboote war so klein wie unser heutiges Vehikel. 12000 Mann Besatzung und 4080 Passagiere – unser Dampfboot hat 3 Mann Besatzung für seine Seefahrt und nur einen Passagier, mich.

Und für den Zeugen dieser beiden Ereignisse von gleicher Begriffskategorie und ungeheurem Dimensionsunterschied ergibt sich bei den Vergleichen, die er unsinnigerweise anstellt, nichts anderes als das, was jedem Menschen unserer Zeit überall und stündlich einfällt: daß es nie einen größeren Divisor gegeben hat, als diese sechs Jahre.

II. Der Moldaudampfer im Seesturm des Wattenmeeres

An Bord »A. Lanna 8«, Ems-Jade-Kanal, am 8. Oktober 1920.

Schon am Abend der Ankunft in Cuxhaven war der Lotse, den wir in Hamburg für die Fahrt übers Meer geheuert hatten, an Land gegangen und gleich darauf an Bord zurückgekehrt: er habe eben aus Hamburg die telegraphische Nachricht bekommen, sein Schwiegervater sei gestorben. Hoffentlich finde er einen Kollegen, der uns von der Elbmündung über das Meer führen werde.

Als wir morgens aus den allzu eng in die Wand geschnittenen Kojen der »A. Lanna 8« krallten, brachte er den Kollegen und empfahl sich von uns: »zum Begräbnis des Schwiegervaters«. Dem Stellvertreter hatte er allerdings dieses Märchen nicht aufgebunden, sondern ihm aufrichtig gesagt, er traue sich nicht mit unserem Süßwasserkasten über eine bewegte See. Weniger ehrlich war er in seiner Auskunft über den Führerlohn gewesen; nach langem Zögern hatte er für die Stellvertretung 400 Mark bewilligt und hinzugefügt, jetzt bleibe ihm nichts mehr als das Reisegeld für die Rückfahrt nach Hamburg. (Wir erfuhren dies freilich erst auf hoher See von dem Ersatzmann, der nicht wenig ungehalten darüber war, nun von uns zu hören, daß sein Kollege morgen in Hamburg für die Führung 1300 Mark einstreichen wird.)

Unser neuer Lotse, ein Krabbenfischer, kennt sich auf dem Wattenmeer so genau aus wie in den Taschen seiner trangetränkten Hose – jedoch kann er nicht in diese Taschen, da seine Wasserstiefel bis zum Schritt reichen. Auch er besieht unsern Maschinenraum nicht besorgnislos, denn einen

Dampfer ohne Süßwasserreservoir und ohne Destillator für Salzwasser hat er wohl noch nie in seinem langen Seeleben gesehen. Mit dieser Nußschale soll man über den Ozean? Er lugt auf Ventilator und Glasständer, klopft Röhren und Kondensator ab; auf unserer Fahrt durch das Brackwasser hat sich noch nicht viel Salz angesetzt, und unsere Kessel könnten auch drei Tage durch Salz aushalten, entscheidet er. Die Trossen, mit denen Kamin und Rettungsboot festgemacht sind, prüft er nochmals.

Um neun Uhr morgens (7. Oktober) stach T. M. S. »Lanna 8« in See, die »Alte Liebe«, den Molokopf von Cuxhaven, rundend. Fort Kugelbake, sozusagen der Grenzstein zwischen Elbe und Weltmeer, liegt erst vor uns, aber wir spüren das Jenseits schon jetzt. Luft ist wie Meer: salzig und naß. – Und der Wind läßt uns taumeln. – Der alte Maschinist Struha, seit sechzehn Jahren haust er da unten im Kesselraum von »A. Lanna 8«, hat kein Vertrauen zu dem flüssigen Salz, das auch den Speiseröhren seines Kessels gar nicht schmecken will. Podskal hat keinen Molo, und Pelc-Tirolka keinen Leuchtturm – hier aber steckt alles voll von solchen Kinkerlitzchen (sracicky), und Kompaß und Riesenseekarte sind auch nicht dazu angetan, beruhigend zu stimmen: Wie soll man sich auf dem Wasser auskennen, wo keine bekannten Ufer, ja, überhaupt keine Ufer, und keine bekannten Gasthäuser, ja überhaupt keine Wirtshäuser sind? Beim Wenza Kucera im Hafenwirtshaus in Holleschowitz wäre uns allen wohler, obwohl der ein alter Grobian ist.

»Wenn's sakramentisch wird«, so macht der alte Struha sein Testament, »wenn's sakramentisch wird, dann verkriech' ich mich im Maschinenraum, daß es mich nicht hinauswerfen kann . . .«

Der Kommandatore von »A. Lanna 8«, Herr Jirsch, war Zugführer bei den Pionieren und hat die Tagliamento-Mündung befahren, und der Bootsmann, der Franta Cihlarik, ist sehr stolz auf seine Karriere bei der k. u. k. Kriegsmarine: »Já byl Bootsmannsmaat – Torpedoinspektor, pane!«

An »Elbe V« kommen wir vorüber, dem ersten der fünf Leuchtschiffe, die die Hafenausfahrt flankieren; die Bemannung dieser Signalschiffe ist sechs Wochen an Bord, dann vierzehn Tage auf Urlaub an Land, jahraus, jahrein. Ein Motorboot jagt hinter uns her und preit uns an: »Reichswasserschutz! Halt!« Die Polizisten springen auf Deck und lassen sich unsere Papiere vorweisen; es ergibt sich, daß wir keine Schieber sind, die unter fremder Flagge ein deutsches Schiff ins Ausland verschachern wollen, wir haben bloß in Unkenntnis der Verhältnisse es unterlassen, das Duplikat der Ausfahrtsbewilligung, vom Reichsverkehrsministerium (Schiffahrtsabteilung) ausgestellt, abzugeben.

Gut brennt die Sonne, aber die Luft ist mistig. Rechts ist ein Leuchtturm zu sehen, es scheint, als rage er direkt aus dem Wasser. Jedoch er steht auf einer Insel, zu der man bei Ebbe vom Festland aus im Wagen fahren kann: Insel Neuwerk, Schlupfwinkel und Flottenstützpunkt Klaus Störtebekers, des heiligen Seeräubers und Feindes der Hansaschieber. Jedes Watt, jedes Tief, jedes Riff birgt hier die Erinnerung an ihn und seine Taten. Von Duhnen aus hatte Klaus Störtebeker einen unterirdischen Gang angelegt bis in seine Feste Rützebüttel, die wir gestern in Cuxhaven sahen. Die heutigen Bewohner Neuwerks, fünf Bauern, ein Schullehrer und zwei Leuchtturmwächter, so erzählt unser Lotse, fühlen sich als Störtebekers Erben: sie räubern, was das Zeug hält, stecken Massen von Strandgut ein (überall sehen wir Wracks, und wenn uns nicht ohnehin schon übel zu Mute wäre, diese Memento mori könnten uns das Gruseln lehren!) und scheren sich den Teufel um die Obrigkeit. Die Bauern sind allesamt schwere Millionäre, zwei oder drei sind auch adelig; das Hotel »Zur Meereswoge« hat saftige Preise, die Schule wird von neun Kindern besucht. Die gesamte männliche Bevölkerung von Neuwerk, der Schulmeister einbegriffen, bildet die Bemannung des Rettungsbootes. Bei den Signalraketen bleiben nur die Frauen.

Vor Hunde-Balje, elf Uhr vormittags, ist ein Seehundfischer verankert; bereits vorher haben wir etliche Seehunde auftauchen und die neue Flagge anglotzen sehen. Scharf dreht der Wind nach Süd. Er reißt rücksichtslos unser Schraubendampferchen herum. Der Wind schaukelt, und das Wasser schaukelt – wie wir schaukeln, mag man sich denken! Hochauf schlagen Wellen, sie geißeln Deck und Deckaufbau; bevor wir die Kajütenluken geschlossen haben, ist schönste Überschwemmung darin, und sogar in das Kaminloch springt eine Woge.

Der Kamin! Er ist lebensüberdrüssig. Bald neigt er sich steuerbords, bald will er sich auf der linken Seite in die feindliche Flüssigkeit schmeißen. Die Trossen zerren ihn, reißen ihn zurück und stöhnen ob der Anstrengung.

Schwer balanciert man auf Deck. Backbords sieht man auf dem Watt von Scharhörn Menschen sich placken; sie bergen Balken. Vor drei Wochen ist hier ein Floß im Werte von 4000000 Mark gestrandet, das größte Floß der Welt. Von Schweden her kam es, von vier Schleppern gezogen, über das Wattenmeer, und wollte nach Amsterdam; 13500 Baumstämme, manche 15 Meter lang, in einer Breite von 16 Metern nebeneinander und in einer Höhe von 6 Metern übereinander geschichtet, von Ketten zusammengehalten. In Splitter aber rissen die Wellen diese Stahlketten. 3000 Balken wurden in Cuxhaven ans Land geschwemmt, 3000 auf die Insel Neuwerk, 5500 hierher nach Scharhörn. Jeder Balken war auf 160 Mark versichert, und wer der Assekuranzgesellschaft in Cuxhaven einen der Stämme liefert, erhält 100 Mark. Wir sehen die Armen von Cuxhaven sich mühen, die Stämme gegen die See zu rollen. Kommt unversehens die Flut, können die Leute nicht mehr vom Meere zurück, sind verloren . . . Unser

Lotse spuckt seine Prieme weit über Bord: »Böse Arbeit das!«

Wird es uns wie dem Floß ergehen? Der Magen nickt Bejahung . . . Das Wasser wäscht unsere Kleider und das Deck wieder rein und spült unsere Gesichter ab. – Dankbar werfen wir unsere Galle in die See.

»A. Lanna 8« fährt mit Volldampf voraus. Mühselig ist das Vorwärtskommen, schwieriger als bei Klecan und Kralup. Früher machten wir sieben Meilen die Stunde. Jetzt stemmt sich uns der Wind entgegen.

Zwischen Scharhörn-Riff und »Elbe I«, dem letzten der fünf Leuchtschiffe an der Elbeausfahrt, sind wir um 4 Uhr 20 Minuten nachmittags, und schon wenden wir backbord, nehmen westlichen Kurs gegen den Leuchtturm »Roter Sand«, das am schwersten erbaute Merkzeichen der Wesereinfahrt. Auch am Leuchtschiff der Wesereinfahrt müssen wir vorbei, obwohl wir nicht nach Bremerhaven wollen, sondern gleich hinüber in den Jadebusen. In Wilhelmshaven, an der Mündung der Jade, wollen wir heute noch landen.

Wird es glücken? Immer dunkler tönen sich die unendlichen Flächen über uns und unter uns. Wellen und Wolken sind eins. Sterne und Leuchtfeuer sind eins. Wir sind auf gleicher Höhe mit den Nordseeinseln, aber nicht einmal Wangeroog, die östlichste (geschweige denn Norderney!), ist sichtbar. Ostfrieslands Küste erkennen wir erst, da wir auf drei Seemeilen an sie herangerückt sind. Unser Kamin qualmt, die Schraube arbeitet, trotzdem auf dem Ventilator des Kessels und auf den Saugpumpen sehr starke Salzstalaktiten von fünfzehn Zentimeter Länge wachsen, die Kolben schlagen auf und nieder, aber es scheint, als ob wir stehen.

Da, bei Minsener Sand, kommt das Glück, »ergriff mich die Flut und riß mich nach oben«. Ergriff uns die Flut, rasch schwemmt sie uns in den Jadebusen, fast bis in den Hafen, fast bis an den Kai. Kreidebleich stehen wir auf Deck, 51 Seemeilen auf einem Moldauschiffchen, in stürmischer See – c'est trop. Ach, arme »A. Lanna 8«, Don Quichotte des Wassers, du siehst ramponiert aus! Morgen heißt es, alles Seewasser auspumpen, die Salzkristalle abschlagen, die Rohre reinigen und Süßwasser nehmen.

Rings um uns der riesige Kriegshafen, Wilhelmshaven. Jung ist das Gesicht dieser Stadt, riesig ihre Figur, aber scharf tritt ihr hippokratischer Zug hervor. Gesprengte Schiffe, ein versenkter Hulk, auf dem deutsche Modelle waren, ablieferungsbereite, zum Transport zurechtgemachte Docks, verödete Bassins. Die Stadt stirbt.

Von unseren neuartigen Wimpeln angelockt, kommen friesische Schulknaben zu unserem Schiff, um Briefmarken zu erbetteln. Sie wollen wissen, woher wir kommen. Der alte Struha ist aber nicht zu Auskünften aufgelegt:

»Reknou tem parchentum, ze jsme z Maniny, aby to vedeli!«

So sage ich den Kindern, daß wir von der Manina kommen, damit sie's wissen. Aber die haben keine Ahnung davon, daß die Maninaheide hinter Prag liegt, und glauben, wir seien aus Manila.

III. Die Fahrt auf den Kanälen

16. Okt. 1920.

Seit einer Woche fahren wir unaufhörlich westwärts.

Vor uns Horizont oder eine Biegung des Kanals oder eine Brücke oder ein Schleusentor.

Rechts ein Damm, links ein Damm – ein ew'ges Parallelogramm. In dessen Mitte wir sind.

Ist eine Drehbrücke in Sicht, unter der wir auch mit geneigtem Kamin nicht durchfahren können, oder eine Schleuse, dann ziehen wir die Dampfpfeife: »Ein großer Kahn ist im Begriffe, auf dem Kanale hier zu sein!« (Man entschuldige das jämmerliche Deutsch dieses Satzes; der ist von Goethe.)

Das Wasser ist ruhig, wie der Teich eines fürstlichen Parkes. Wenn der Damm aus Stein ist, so weiden oben Ziegen, ist er sanft abfallendes, grasbewachsenes Erdreich, so kommen auch Kühe bis an den untersten Rand und spiegeln sich im Kanal. Pufft unsere Luftpumpe zufällig gerade Dampf aus – die Luftpumpe der »A. Lanna 8«, nebbich! –, so jagen die blöden Kühe in äußerst komischen Sprüngen erschrocken davon.

Manchmal nennt sich das Parallelogramm, in dem wir uns befinden, zwei Tage lang: »Ems-Jade-Kanal«. Nachdem wir uns aber siebzig Kilometer lang an diesen Namen gewöhnt haben, führt es wieder wochenlang den Namen »Dortmund-Ems-Kanal«, und von übermorgen an, hinter Münster, ist es als »Rhein-Herne-Kanal« zu signieren. Bald heißt das Land zu beiden Seiten »Ostfriesland«, bald wieder »Oldenburg«, dann heißt rechts »Holland« und links »Hannover« und dann wieder »Westfalen« und dann »Rheinprovinz«. Aber es ist eigentlich immer dasselbe. Nur die holländische Landschaft ist von entschieden freundlicher Valuta.

In meiner Brieftasche habe ich schon dreißigerlei Notgeld. Nur holländisches nicht.

Manchmal heben uns die Schleusen in die Höhe, manchmal senken sie uns. Manchmal müssen wir bloß eine Viertelstunde in diesem flüssigen Lift bleiben, aber manchmal, ja, manchmal eine halbe Stunde. Hinter Bevergern mündet der Mittellandkanal, der von Berlin kommt, in unsern, und dann geht es ein Stückchen entlang des Teutoburger Waldes.

Manchmal fragt uns der Schleusenwärter, was denn das für eine Fahne sei, die rot-blau-weiße? Aber es gibt wieder Schleusenwärter – so verschieden ist nun mal die Menschheit! –, die schauen die Flagge an und fragen, aus welchem Lande wir kommen.

So jagt eine Sensation die andere. Man kommt gar nicht zu Atem!

Überall wird hier Torf geschürft. Wenn einen der Leute bei der Arbeit unversehens der Schlag trifft, so sinkt er ins Moor und bleibt uns mumifiziert erhalten. Eine solche Frau, zweitausend Jahre alt und ganz aus Torf, ist in Emden zu schauen. Im Museum für Kunst und Gewerbe. Hätte sich's jene Frau vor zweitausend Jahren gedacht, daß sie etwas mit den Museen zu tun haben werde, mit der Kunst oder mit dem Gewerbe?

Übrigens ist Emden eine sehr liebe Stadt – sicherlich weitaus die netteste, die wir auf dem Ems-Jade-Kanal durchgenommen haben. Sie hat wahrscheinlich nach dem bekannten Kriegsschiff »Emden« ihren Namen. Wie sie früher hieß, weiß ich nicht. Aber jedenfalls muß sie schon früher dagewesen sein und einen Namen gehabt haben. Denn sie hat einen »Fußballclub von 1902«. Die Leute haben hier eine Vorliebe für die Niederlande, was sich darin ausdrückt, daß sie zumeist holländische Namen haben: »Hinrich van Tjater«, »ter Bjöch« und so; sogar »Ihlsen« steht auf einer Firmentafel, – bekanntlich der feinste Name Skandinaviens, der Name, mit welchem Redakteur Lynge in Kristiania für seine Zeitung krebsen geht.

Ad vocem: Zeitung. Was ist denn los in der Welt? Zeitungen haben wir schon lange nicht mehr gelesen. Man legt abends vor irgendeiner Brücke an oder auf offener Strecke. Weit und breit kein Haus, nicht einmal eine der verfallenen Windmühlen, die noch immer klappern, weil sie nicht leben und nicht sterben können. Sie klappern sogar noch lauter als die, die in Betrieb sind. Landen wir in einer Stadt, wie z. B. in Aurich, so haben wir nur soviel Zeit, ein Telegramm an die Firma in Prag aufzugeben, daß »A. Lanna 8« hier eingetroffen, an Bord alles wohl. Zuweilen können wir uns einen geräucherten Aal und Batscharizigaretten zu 50 Pfennig das Stück kaufen und nach Brot fragen. Aber wir kriegen keines, weil wir keine Brotmarken haben.

In Düthe, d. h. bei Düthe, wo wir eben angelegt haben, gibt's überhaupt außer einem Briefkasten kein öffentliches Gebäude. Nicht einmal ein Geschäft, nicht einmal ein Wirtshaus. Ein Zeitungsblatt war nicht zu haben, nicht einmal ein ganz altes. (Und ich hätt's doch so gebraucht!)

Zu Dykhausen, hinter Wilhelmshaven, wo wir Kessel und Pumpen von Meerwasser und seinen Rückständen zu befreien und Süßwasser zu nehmen hatten, war auch ein Gasthaus vorhanden, und zwei Zeitungen lagen auf dem Tisch: »Anzeiger für Harlingerland«, amtliche Zeitung für den Kreis Wittmund, und »Der Gemeinnützige«, fortschrittliches Tageblatt für Oldenburg und Ostfriesen, 113. Jahrgang, in Varel erscheinend. Das Blatt ist entschieden schwer zu lesen, wenigstens für Zugereiste. An der Spitze der Tagesnachrichtenrubrik stand in fetten Lettern die große Sensationsnachricht von Oldenburg und Ostfriesland:

125 *Enter* waren gestern in Varel
zum Verkauf aufgeführt.

Nicht minder wichtig scheint die Meldung zu sein, daß beim Klootschießen und Bosseln des Vereins »Lat'n susen« in Brockhorn der Bredemann Klaas den Best für einen Wurf von 80,10 Meter errang. – Übrigens ist Dykhausen kein gewöhnliches Dorf: es hat auch eine Deckstation. Die beiden Hengste heißen »Exzellenz II« und »Eduard«. In jedem Bauernhaus, in dem ich schüchtern anfragte, ob ich ein paar Eier bekommen könnte, hängen die Photographien von »Exzellenz II« und »Eduard« eingerahmt an der Wand. In der Wirtsstube wird das Porträt Hindenburgs von denen der beiden Hengste flankiert. Gegenüber ist das Wappen Frieslands mit dem Spruch: »Eyala freya fresena!« (Willkommen, freies Friesenland), rechts davon der Stammbaum von »Eduard«, links der Stammbaum von »Exzellenz II«.

In Emden meldeten wir uns in der Bunkerzentrale Am Ratsdelft, um Kohle zu nehmen. Dort sagte man uns, daß deutsche Schiffe 380 Mark für die Tonne zu zahlen haben, ausländische aber 94 Gulden – holländische Gulden nämlich. Das war uns zuviel, und wir mußten uns entschließen, schleichzuhandeln. Von einem Bagger, der die beim Löschen und Bunkern an Kohlenplätzen ins Meer gefallenen Kohlen gefördert hatte, kauften wir unter der Hand eine Tonne um 190 Mark. Aber es war kein gutes Geschäft. Die Kohle war ausgewässert, machte viel Schlacke, der Rost unserer Kessel ist ohnedies für Steinkohle nicht eingerichtet, und der alte Struha hatte viel Plage.

Den ganzen Tag schaufelte und kratzte er im Maschinenraum unten, und wenn er heraufkam, setzte er sich auf einen umgestülpten Kübel und starrte vor sich hin. Ich habe den alten Struha im Verdacht, daß er ein Philosoph ist.

Wenn man ihn z. B. auf einen Riesenkran aufmerksam macht oder auf einen der Bagger, die das Wasser in einem ungeheuren, ununterbrochenen schwarzen Wasserfall über Deck schwemmen, äußert er phlegmatisch: »Das ist alles ein Scheißdreck im Vergleich zur Allmacht Gottes.«

Von mir pflegt er zu sagen: »Der ist wie ein Greißler – wenn er aufs Schiff kommt, so sitzt er schon auf seinen vier Buchstaben.« Ich habe mir dieses Bild erklären lassen und erfahren, daß sich eben ein »hokynar«, wenn er auf eines der Passagierdampferchen der Moldau kommt, nicht erst nach einem freien Sitzplatz umschauen muß: er stellt seinen Rükkenkorb nieder und setzt sich darauf.

Der alte Struha spricht wenig, nur mit dem Kessel hört man ihn manchmal zanken, aber alles, was er spricht, ist voll solcher Beobachtungen und Vergleiche.

Er wohnt vorne in der Kajüte mit dem Kapitän. Achtern,

in der Kombüse von zwei Metern im Quadrat, leben der Lotse, der Bootsmann Franta Cihlarik und ich. Bis Wilhelmshaven haben die Lotsen an Land geschlafen, und ich hatte Schlafraum in einer der beiden Kojen, die so niedrig in die Wand geschnitten sind, daß ich nicht einmal die Nase rümpfen dürfte, ohne sie an den »Plafond« anzustoßen. Ich mußte mich also vor jeder derartigen Emotion hüten . . . Ein Sarg war ein Dom dagegen! Seitdem wir aber den Dollart-Meerbusen passiert haben und immerfort nur durch den Kanal dampfen und nicht bei Städten nächtigen können, sondern dort, wo uns die polizeiliche Sperrstunde der Schleusen eben überrascht, seither schlafe ich – noch ärger. Auf dem Fußboden der Kombüse nämlich, weil der Flußlotse gekommen ist, der von Wilhelmshaven bis Preßburg 8000 Mark kriegt und Anrecht auf eine Koje hat. Also bin ich sozusagen aufs Pflaster geworfen, auf den Fußboden. Morgens schmerzt mich dann das Rückgrat so, daß ich glaube, gar nicht aufstehen zu können. Aber wenn unter mir die Schraube zu rattern beginnt, muß ich entsetzt aufspringen. Dann koche ich Kaffee. Das ist die einzige häusliche Tätigkeit, zu der mich Franta noch zuläßt. Nur einmal hat er mich auch die Suppe kochen lassen, doch das wird ihm, wie er ehrenwörtlich versichert, bis zu seinem Tode leid tun.

Der Franta hat überhaupt ein Kreuz mit mir. Zu seinen Obliegenheiten gehört es unter anderm, Deck und Wohnräume rein zu halten. Es fällt mir jedoch schwer, meine Schlafstelle, meinen Manuskriptenschrank, meinen Schreibtisch, mein Badezimmer und dergleichen in der zwei Quadratmeter großen Kombüse so zu verstecken, daß es die gewohnte Ordnung nicht stört.

Auf den Kanälen hat Franta viel zu tun. Ununterbrochen kommen Brücken in Sicht, dann hat er zu schätzen, ob wir unter dem Brückenbogen durchfahren können oder das Signal zum Aufziehen, Drehen oder Auseinanderschieben der Brücke geben müssen. Können wir durchfahren, so stellt er sich auf den Maschinenaufbau und zerrt den Schlot des Schiffes herab. Mindestens vierhundert Brücken sind wir auf der Kanalfahrt begegnet, und vor jeder hat er den schwarzen Zylinder tief gezogen.

Fährt uns ein Dampfer entgegen, so läuft er, den Freihalter, den umflochtenen Korkballen, wie ein Lasso in der Hand, um ihn dort dazwischenzuwerfen, wo ein Anprall zu befürchten steht. Legen wir an, springt er in weitem Bogen ans Land und rammt die Eisenpflöcke in den Boden und schlingt das Tau um sie und die Belegspöller, die stählernen Spulen, die auf Deck geschmiedet sind. Stößt er mit den spitzigen Stangen vom Ufer oder vom Kanalrand ab, oder eine schwimmende Schilfinsel aus unserem Wege, und ich rufe ihm zu: »Franto, píchej vodu!«, so wird er wütend und erklärt mir, er sei kein Flößer, steche also kein Wasser.

Der Bootsmann hat einen Wochenlohn von 240 Kronen und während der Prag-Preßburger Weltumsegelung freie Verpflegung sowie für jede Überstunde, welche außerhalb der achtstündigen, wöchentlich 48 Stunden betragenden Arbeitszeit geleistet wird, 7 Kronen 50 Heller; der Kapitän und der Maschinist bekommen 264 Kronen pro Woche und 8 Kronen 25 Heller per Überstunde. Am Sonntag werden die Überstunden doppelt bezahlt.

Unser Kapitän hat hellblaue Augen, hellbraunes Gesicht, hellblonde Haare und hellklingendes Lachen. Er lacht beständig und steht den ganzen Tag am Steuer, nur wenn der Lotse oben ist, sitzt er in der Kajüte und schreibt den Rapport, und am Abend kümmert er sich darum, wo wir Kohle kriegen könnten; und wenn man unverschämte Preise nennt, so lacht er sich schief darüber, weil es uns ja gar nicht einfällt, soviel zu bezahlen!

Wenn ich oben auf dem Kapitänsstand stehe, so erzähle ich ihm Witze, daß er Tränen lacht, auch wenn das Ausweichen im Kanal noch so schwierig ist und gerade ein plumper Kartoffelschleppzug uns entgegenkommt. Die Situation ist ernst, aber meine Witze sind eben so gut, daß er wohl oder übel lachen muß. Das begreife und billige ich. Aber von der Drehbrücke bei Lingen rief uns der Brückner »2 Mark 30 Pfennig« zu und streckte uns auf einer 5 Meter langen Stange einen Klingelbeutel zu, in dem schon die unterschriebene Quittung lag, die wir herauszunehmen und dafür 2 Mark 30 Pfennig hineinzulegen hatten, ohne auch nur eine Sekunde zu stoppen. Und über diesen Klingelbeutel lacht Kapitän Jirsch noch mehr als über meine Witze. Das finde ich unbegreiflich!

Ein Spalier riesiger Betriebe und Speicher flankiert beinahe seit Münster unsern Weg bis in das Industriereich der Ruhr. Schon dort begann die Welt der Schwerindustrie: das Pumpwerk an der Lippe, die Überbrückungen (auf Brückenkanälen fuhren wir 20 Meter hoch über Flüssen), das Kanaltor der nach Dortmund führenden Abzweigungen bei Henrichendorf und das kolossale Schiffshebewerk ebendort sind Weltwunder. Bei Schleuse 7 von Herne hatten wir die Scheitelhöhe des Kanals erreicht, wir wurden nun nicht mehr gehoben, sondern auf der kurzen Strecke von 42 Kilometer, die wir bis Ruhrort zurückgelegt haben, um 42 Meter gesenkt. Auf sechsgleisigen Brücken donnerten Eisenbahnzüge oberhalb unserer Köpfe, 60 Meter über uns, so daß Franta Cihlarik unser zwei Meter hohes Kaminchen eigentlich nicht hätte ducken müssen. Er tat es aber doch: »Nech' me, ich bin's schon so gewohnt, unter einer Brücke den Schlot einzuziehen!« Elektromobile auf Schienen ziehen die Schleppzüge, oft sechs Zillen von je 1000 Tonnen Erz oder Steinkohle, in und aus den Kammern. Auf Fördertürmen der Zechen, auf Kranen von 40000 Kilogramm Tragkraft (4000 Kilogramm hat der größte Kran im Holleschowitzer Hafen) und dreißig Meter Spannweite, auf Kandelabern und Petroleumreservoiren und Essen und Schloten ruht der rußige Himmel wie ein schwarzer Baldachin. Bergehoch über dem Schiffchen kreuzen sich auf einer Seilbahn hinter Herne Kohlenwaggons, entlang des Kanals fahrend; dort wo das Drahtseil über den Kanal führt, ist unter die Waggons ein Schutznetz gespannt. (Unerhörte Filmmöglichkeiten: Versteck des Verbrechers im Greifer eines Krans, er wird in den Bunker einer Seilbahn entladen, man bemerkt und verfolgt ihn im nächsten Seilwagen, Sprung auf das Schutznetz usw.)

IV. Auf dem Rhein

Köln, 28. Okt.

Die direkte Strecke Prag-Preßburg läuft ab Ruhrort auf dem Rhein.

Das ist aber nicht der Rhein der Idylle, nicht der rebenumsponnene Rhein des Volksliedes von Trunk und Liebe. Der fängt erst oben bei Bonn an. Auch nicht der Rhein des Schlachtgesanges, der Kriegsgeschichte von 1870, nicht der Rhein, über den ich – genau zwei Jahre sind es her – gekommen war, als es dort in der größten Menschenmauer aller Zeiten zu rieseln begann. Der Rhein liegt Tagereisen weiter südlich, im Elsaß.

Verlangst du in Duisburg oder in Düsseldorf einen Reiseführer vom Rhein, so schaut man dich groß an. Ja, eine Schiffahrtskarte mit Tiefenzeichen, Klippen und Leuchtfeuern – die kannst du haben. Aber ein Touristenweg ist hier nicht.

Keine Ruine, keine Loreley, kein Felsen, kein Passagierdampferchen mit gurrenden Hochzeitspärchen verirrt sich hier herunter, kein Liedersänger pries den Preis des Niederrheins, kein Feuilletonist seine Reize. Das Mädchen, dessen Denkmal man sehen kann, ist keineswegs ein minnigliches

Lieb, kein Nixchen, das sich mit goldenem Kamme das goldene Haar kämmt, kein Ännchen von Tharau, im Gegenteil, »Jeanne Sebus, jeune fille de 17 ans« (so steht es auf dem Monument, das ihr Napoleon 1809 setzen ließ), die bei resolutem Rettungswerk den Tod fand. Und auch diese Individualaktion, diese Personalverherrlichung hat kein Gegenstück. Die hier vollbrachten Werke sind Massenaktionen des Alltags, und Klio hätte sie in ihrer (stark vernachlässigten) volkswirtschaftlichen Rubrik zu verzeichnen. Keinen oder alle Namen hätte sie zu nennen, keinen oder alle Namen der Hunderttausende, die in den Hochöfen und Kohlengruben und Werften und Kanzleien schuften. Keinesfalls bloß die Namen der Nutznießer der Konjunktur, die sich dann als die Initiatoren aufspielen, die Krupp, die Thyssen, die Stinnes! Selbst die Natur, die hier ihre Kohlenspeicher innehat, darf nicht allzusehr überschätzt werden. Sie ist nicht mehr als eine einflußreiche Rohmateriallieferantin und hat privat einen Kunstgeschmack, der mit Unrecht lange genug als Standard der Ästhetik angenommen wurde.

Die Wolken und Wälder und Wiesen zu preisen, dic (sagt man) die Allmacht Gottes beweisen – nie hab' ich's getan! Die Alpen der Arbeit, die schwärzesten Nächte der Tunnels und Docks und Stollen und Schächte, die Äste im Kran, Grotten aus Eisen und Felsen aus Ziegel! Aus Drähten und Leinen wachsen dir Flügel, aus Glas und Gas wird Sonne und Mond, eherne Drähte mit kupferner Spitze fangen wie Tennisbälle die Blitze, während uns Gummi von Plagen verschont. Die Forste der Schlote, erschaffen vom Willen, der Dampfsirene befehlendes Schrillen, die Wolken des Rauches, die Gletscher der Kraft, der Lasten tiefstürzende Lawinen, die Strömung der Räder und der Turbinen: alles das, was der Mensch sich selber erschafft, das zeugt von Allmacht! Hierher sollen wir treten, hier sei unsere Andacht, hier laßt uns beten, den Namen des *Menschen* benedeien, hier laßt uns beten, daß mehr er vollbringe, daß ihm auch das Schwerste, das Letzte gelinge: sich selbst zu befreien.

Vorläufig steht allerdings auf Schleuse Nr. 1 des Herne-Rhein-Kanals ein belgischer Soldat und notiert jede Tonne, die in den Ruhrorter Hafen einläuft.

Ruhrort ist der größte Binnenhafen der Welt. Selbst wir, doch geradeswegs aus Hamburg kommend, selbst wir müssen staunen über die Zahl und Größe der Schiffe, die sich in den sechs Hafenbecken und im Hafenmund aneinanderquetschen. Sie kamen alle der Fahrt wie wir: aus dem Kanal, vom Ruhrrevier. Und müssen auf den Rhein und den hinauf bis nach Straßburg, wo der Franzose ihre Frachten übernimmt, zwei Millionen Tonnen als Lösegeld, nein, es heißt jetzt moderner: »Kriegsentschädigung«, nein, noch moderner: »Wiedergutmachung«. Auch viele belgische Schiffe sind hier, und Holländer. Das war aber bereits im Frieden so, und die alten Aufschrifttafeln im Hafen sind komisch mit ihren fast gleichlautenden Übersetzungen ins Holländische; so liest man unter dem Aviso »Anker schleppen verboten« die Worte: »Anker slepen verboden«.

Es ist für einen Moldaudampfer ein Kunststück, im Hafen von Ruhrort-Duisburg Kohle zu nehmen. Zuerst versuchten wir's an der Schütte, einer schiefen Ebene, auf deren einen Seite man den Kohlenwaggon umstülpt, damit die Kohle auf das unten im Rhein verankerte Schiff etwa fünf Meter tief hinunterrutscht. In der starken Strömung so zu verankern, daß unsere Bunkerlöcher genau in die Verlängerung der Schütte kamen – schon das war ein schwieriges Manöver. Aber als es soweit war, half uns das gar nichts. Unser Deck ist viel zu niedrig, viel zu weit von der Mündung der Schüttfläche entfernt, die Bunkerlöcher viel zu klein, das Gangbord zu schmal, als daß die herabfallende Kohle gerade hineinfallen würde. Mehr als die Hälfte ginge über Bord. Läßt man aber die Kohle auf die Mitte des Schiffes fallen, um sie gegebenenfalls dann in die Bunkerlöcher zu kehren, so prallt das herabfallende Material so heftig auf das Kesseldach, daß es von dort auch wieder in das Wasser springt, und wenn man die Bordwand noch so sehr durch Bretter erhöht.

Beinahe ein Vormittag vergeht mit diesen Versuchen. Endlich geben wir sie auf, lichten Anker und fahren zu einem Ladekran, daß dieser uns das Heizmaterial an Bord reiche. Doch auch hier hindert die Schmalheit unseres Gangbordes den Greifer daran, sein Maul aufzusperren, um auf uns zu kotzen. Deshalb läßt man ihn auf das Kesseldach baumeln und öffnet ihn dann ganz langsam. Ganz langsam – denn sonst bräche unter dem Gerölle das Blechdach zusammen. Sticht doch auch so der Steinschlag heftig genug gegen unsere Körper und Gesichter, und die Splitterchen fliegen in unsere Augen und in die Poren unserer Wangen. Schön sehen wir aus!

Aber nachdem der eiserne Rachen des Krans zweimal ausgespuckt hat, also zehntausend Kilogramm (3000 Mark) an Bord sind, ist unsere Fütterung vollendet. Wir können die Rheinfahrt beginnen.

Sofort nach den ersten Schritten auf dem Rhein ist unserem braven Moldaudampfer ein Malheur geschehen.

Unter der großen Ruhrort-Homberger Brücke war das. Links von uns war ein Schleppzug mit breiten Kohlenkähnen, »Hugo Stinnes«, der gleichfalls rheinaufwärts fuhr, rechts von uns der mächtige Brückenpfeiler, an dem sich die Strömung in wuchtigem Strudel brach. Dem Schleppkahn ausweichend, gerieten wir in das wilde Wasser, und unser Steuer hatte im Kampfe mit diesem so viel zu tun, daß es den Rissen des Lotsen am Steuerrad nicht mehr zu gehorchen vermochte.

Ein Ruck – und »Lanna 8« stieß mit dem Bug auf den Kohlenkahn an. Es war ein furchtbarer Krach. Wir alle stürzten zu Boden. Die Fensterscheiben am Kapitänsstand zersplitterten. Das Trinkwasserfaß sauste in weitem Sprung auf die Bordwand und prallte von dort aufs Deck zurück. Der Eisenherd in der Kombüse fiel um wie ein Stück Holz, die Kaffeetöpfe sausten spritzend auf die Erde. Von Stühlen und Tischen gar nicht zu reden.

Mit »Volldampf rückwärts!« wichen wir aus, taumelten noch etwas, aber bald richtete sich unser Schiff wieder gerade und konnte von neuem vorwärts, das Fluchen auf dem Kohlenkahn überhörend. Ein Arbeiter in blauer Bluse und mit schwarzem Vollbart drohte uns fürchterlich. Ob es wohl Herr Hugo Stinnes selbst war . . .?

An Bord der »A. Lanna 8« sah es arg aus, alles drunter und drüber. Gar übel war der Anblick, der sich uns bot, als wir die Niedergangsluke zum Freiraum im Steven öffneten. Die Farbtöpfe verschüttet und ineinandergeflossen. Die Scheiben der Laternen und der Zylinder zerschlagen. In diesem Raum, der die Rumpelkammer des Schiffes ist, aber doch seine Ordnung hatte, war jetzt ein Tohuwabohu, Ölkannen, Werkzeuge, Drahtseile, alles durcheinander.

Das Schlimmste jedoch wußten wir noch nicht: daß wir ein Leck hatten. Erst etwa eine Stunde später, als wir schon mit voller Kraft und halber Wirkung die Rheinströmung zu überwinden suchten und von unserem Schiffszusammenstoß als von einer glücklich abgewendeten Gefahr und einem überstandenen Abenteuer unserer Vergangenheit sprachen, bemerkte der Bootsmann, die Kajüte auskehrend, zwischen Bretterritzen des Fußbodens ein verdächtiges Schimmern. Er machte große Augen, hob eines der Bretter empor.

»Uz jó!« Und laut rief er es auf Deck: »Deláme vodu.« Ja, wir machten Wasser.

Es stand schon über den Traversen, bis an den Fußbodenrand der Kajüte, 30 Zentimeter hoch. Der Lotse ließ stoppen, der Maschinist brachte die Pumpe, die bisher, festgeschraubt, zum Kesselfüllen ein seßhaftes Leben geführt hatte, der Bootsmann trug den Schlauch unter Deck, und sie begannen zu pumpen. Der Kapitän und ich krochen in den Freiraum, das Leck zu suchen. Es war bald gefunden. Der Bug hatte sich stark gekrümmt, der ganze Steven war infolge des Anpralls nach rechts verbogen, und dadurch waren die Nieten und das Blech gesprungen. Aus vier Löchern der Bordwand strömte das Wasser des Rheins in dickem Strahl in unser Schiff, und durch die Ritzen floß es auch, wie ein Wasserfall.

Während achtern nach Leibeskräften gepumpt wurde, verstopften wir vorne die Löcher mit Werg, so gut es ging. Es ging ganz gut. Bald war die Bordwand einigermaßen dicht gemacht, und statt des Sees unter unsern Füßen war es jetzt bloß eine Pfütze. Nun fuhren wir wieder mit Vollkraft stromaufwärts, mit einer Geschwindigkeit von acht Kilometern, und abends im Hafen von Köln trat an Stelle der provisorischen Restaurierung eine definitive.

Denn aufs Trockendock brauchte unser Schiff nicht zur Reparatur. »A. Lanna 8« behält ihre Schramme, ihren Renommierschmiß, bis an ihr dereinstiges seliges Ende zur Erinnerung an ihre Weltumsegelung im September, Oktober und auch November 1920.

V. Der entdeutschte Rhein

Mainz, 2. Nov. 1920.

Zu Aachen ist das Kommando der belgischen Besatzungstruppen, in Buderich bei Wesel ihre Rheinkontrolle, und belgische Schiffe kamen uns schon in Duisburg in die Fahrt. Bei Reißholz nächst Düsseldorf hatten wir uns einem englischen Motorboot, das vor eleganten Baracken verankert lag und uns nonchalant zu sich heranwinkte, zu legitimieren und zu erklären, wer unser Staat ist.

In Köln selbst sitzen zwölftausend englische Soldaten,

»vorläufig für fünf Jahre«. Im Hotel Exzelsior vor dem Dom ist das »General-Headquarter, British Forces of the Rhine«; ein Doppelposten von Hochländern läuft in einem vorschriftsmäßigen Trippelschritt auf und ab; auf zwei Meter einander entgegengekommen, machen die beiden Riesen im Ballettröckchen eine scharfe Wendung und laufen voneinander weg. Das ganze sieht wie ein neuer Foxtrott aus. Das Trottoir vor dem Hotel darf abends niemand betreten. Auch die meisten anderen Hotels in Köln sind für englische Kommandos und Institutionen reserviert, das Bismarckdenkmal auf dem Augustinerplatz hat eine große Orientierungstafel und ein großes Gebäude mit der gleichen Aufschrift hinter sich: »Rhine Forces Officers Club«. Über die Straße sind Reklamen gespannt, auf die Kantine hinweisend, der »Amusement-Officer« hat einen Laden mit Riesenauslagescheiben inne, die Church Army und die Salvation Army sind in Hotels untergebracht, unverschämt große Tafeln weisen die keuschen Krieger Großpuritaniens »To the Blue Lamp Houses«, die bisher in den Seitengassen ein stilles Leben gefristet haben und vielleicht vielen Einheimischen unbekannt waren, geschweige denn den Fremden. Jetzt deuten die englischen Wegweiser jedem den Weg. Ganz praktisch.

Im Deutschen Theater haben die Engländer das Vorkaufsrecht auf alle Plätze. Erst zwei Tage vor der Aufführung wird vom britischen Kommando die Erlaubnis zum Kartenverkauf an die Bevölkerung gegeben. Die besten Plätze, besonders bei Opernaufführungen, sind den Briten reserviert. Die meisten Plakate in den Straßen sind englisch: »Army-Amusement Scala-Theatre«, »Army-Cinema«, Promenadenkonzerte im »Flora-Garden«, sogar im Deutschen Theater wird manchmal englisch gespielt. »The British Rhine-Army Dramatic Co. represents ›Pygmalion‹, a Play in Five Acts by G. B. Shaw; Mrs. Pattrick Campbelle as Eliza Doolittle.«

Köln war schon im Frieden keine nette Stadt, die Gehsteige sind so schmal, daß man nicht gehen, die Glocken der elektrischen Straßenbahn so schrill, daß man nicht fahren kann, der Dom von wilhelminischen Händen so »kolossal« verkitscht, daß von seiner mittelalterlichen Schönheit nicht mehr allzuviel übrig blieb, und überhaupt gab der Aufenthalt in Köln dem Fremden bei seiner Rückkehr immer zu Verdruß Anlaß, weil man doch nicht jeder zu Hause gebliebenen Auserwählten des Herzens eine Flasche Farina oder Nr. 4711 mitbringen konnte. Nun aber, durch die Requisition der Hotels und die Invasion der Engländer und Engländerinnen, ist die Wohnungsnot noch unerträglicher als sie war.

Weiter stromaufwärts, am Fuße des Siebengebirges, dort, wo das wilde Baumzeug und das Gestrüpp des Ufers aufhört, dort, wo der Rhein anfängt »ach, wü üdüllüsch« zu werden, mit seinen penetrant trauten Häuschen und den garantiert echten Lindenwirtinnen und einem Rheingold-Diorama auf dem Drachenfels und ornamentartig-regelmäßigen Windungen und sorgfältig eingepitzelten Inseln und restaurierten Burgen (Deutscher Burgen-Erhaltungsverein e. V.) und den scharf ausgerichteten Rebenstöcken – dort haust nun der böse Franzmann. In Bonn, wo man einst mit einem Monatswechsel von tausend Emmchen und einigen einwandfreien Ahnen das Recht erwerben konnte, im Korpshause der »Borussia« den edlen Kantus singen zu dürfen: »Laßt uns den Verstand versaufen! Wozu brauchen wir Verstand?« ist jetzt ein französisches Kommando, und die Fuchsentafel schrumpft zusammen. Man kann ja jetzt nicht mehr so auftrumpfen, nicht mehr die Alleinherrschaft über den »Philister« ausüben. Unter der Brücke von Bonn-Beuel, deren einen Torbogen vier steinerne Flachköpfe mit Cerevis und Vollwichs tragen, kreuzt uns ein französisches Patrouillenboot, erhält unsere Papiere zu Gesicht und eine kleine Geographielektion.

In Koblenz herrscht schon der Dollar, und auf Feste Ehrenbreitstein weht der Union-Jack. Das Selbstbestimmungsrecht der Völker, die geographische Notwendigkeit sind endlich erfüllt: der Rhein, ohne den New York vom Wasser abgeschnitten und San Franzisko überhaupt nicht lebensfähig gewesen wäre, ist – vorläufig wenigstens teilweise – amerikanisch. Die Tommies rasen auf ihren Zyklonetten, den dreirädrigen Automobilen, wie toll durch die Koblenzer Straßen, und es ist ein wahres Wunder, daß niemals ein Unglück geschieht. Alkohol darf an die Amerikaner nicht ausgeschenkt werden, sechs Monate Zwangsarbeit stehen darauf, und es dürfen keine Frauen nach Koblenz kommen, um aus ihrer Liebe zur Entente unbefugt ein Gewerbe zu machen. Aber Liebe ist stärker als Tod, und Valuta stärker als Zwangsarbeit. Man trifft Spanierinnen, Italienerinnen und Pariserinnen. Auch Ungarinnen.

Die Loreley ist auch so eine. In St. Goar, im Pleinair-Boudoir dieser Jungfrau, die natürlich gar keine Jungfrau mehr, sondern ein tunnelierter Felsen ist, sind gleichfalls Franzosen. (Hier ist das Ende des Koblenzer Brückenkopfes, und der Mainzer Brückenkopf beginnt erst wieder bei Aßmannshausen. Was dazwischen liegt, ist neutral oder, wenn man will, deutsch.) Die Loreley steht natürlich unter strenger Kontrolle. Der Lotse, der das Schiff für vierundzwanzig Mark von der Lotsenstation St. Goar bis Caub führt, ist ein verheirateter Mann, und kein Kämmen, kein Singen einer fremden Frau kann ihn mit wildem Weh erfüllen. Und der Wahrschauer (unter welchem Ausdruck nicht etwa ein Pole, sondern ein Rheinländer zu verstehen ist, der an der Strombiegung seinen Auslug innehat und den Schiffen auf Bergfahrt durch Herausstecken einer Fahne meldet, wenn ein Schleppzug talwärts fährt und den Weg versperrt), der Wahrschauer lebt viel zu lange Wand an Wand mit dem Felsenmädchen, um auf ihre Lockungen hineinzufallen.

Gefährlicher ist das Binger Loch, das schon immer die ärgste Stelle europäischer Binnenschiffahrt war; jetzt aber ist die Enge nicht bloß durch die Mäuseinsel des sündigen Erzbischofs Hatto, sondern auch durch das Wrack eines mit Salz beladen gewesenen Schleppkahns verstellt, der vor vier Wochen beim Anblick des Niederwalddenkmals hier gesunken ist. Schiffe mit größerer Breite und größerem Tiefgang können gar nicht durch, und von Bad Salzig bis Bacharach liegt seit Wochen eine ganze Schlepperflotte vor Anker, die der Beseitigung des Hindernisses harrt, um dann die Bergfahrt bis zu der Ablieferungsstelle im französischen Elsaß fortzusetzen.

Mainz: Sitz der Interalliierten Kommission des Hohen Rates, also einiger hundert Stäbe. Besatzung: angeblich 10000 Franzosen, aber es müssen schon bedeutend mehr sein. Es wimmelt von Pioupious, das Gymnasium ist als Schule für die Kinder der Besatzungstruppen adaptiert, ein anderes Schulgebäude als französisches Internat, im Justizgebäude amtieren Stäbe, in jeder größeren Wohnung sind französische Offiziere einquartiert, auf dem Schillerplatz ist eine »Office de la Presse«, ein unentgeltlich betretbarer Lesesaal eingerichtet, wo französische Revuen, Tagesblätter und Broschüren die Notwendigkeit einer unabhängigen Rheinrepublik von Köln bis Mainz auseinandersetzen, über deutsche Greuel und über französische Kultur berichten. Aber das nützt nichts. Hier, wie überall am Rhein, ist die Abneigung gegen den »Erbfeind« groß, der Revanchekrieg im chronischen Zustande zu diagnostizieren. Ob er akut wird, wann er akut wird, ist nicht das Entscheidende. Es ist auch so traurig genug. Ganz Westdeutschland gleicht einem Pulverfaß, dem das Faß fehlt.

VI. Warum jetzt geht's . . .?

10. Mai 1921.

Von Frankfurt an konnten wir nicht weiter – der Main stand zu seicht, selbst für den geringen Tiefgang unseres Schiffchens. Man hätte ihn noch verringern können, indem man die Maschinen demontierte; das sollte geschehen und die »A. Lanna 8« von einem Dampfboot ins Schlepptau genommen werden. Bevor es soweit war, sank der Mainspiegel noch mehr, so daß auch der verminderte Tiefgang nicht ausgereicht hätte. Schließlich fror der Main ganz zu.

Zuerst fuhr ich auf Urlaub, dann der Steuermann, dann der Kapitän. Der Bootsmann blieb. Und die »A. Lanna 8«. Aber nicht mit Zubehör. Als der Kapitän zurückkam, fand er, daß alles fehlte, was nicht niet- und nagelfest gewesen war: Anker, Trossen, Seile, Vorräte, Küchengeräte, Kleider, Lacke, Werkzeuge, Stanzen, Korkballen, Maschinenbestandteile, ja sogar das Steuerrad. Der Bootsmann gab an, alles sei gestohlen worden.

Im Tarifamt erkundigte man sich nach den Kosten eines Eisenbahntransportes für die zu demontierende Maschine nach Preßburg.

»Warum verladen Sie denn eigentlich nicht den ganzen Kasten auf die Bahn?«

»Das geht nicht.«

»Was heißt denn hier, das geht nicht? Alles geht.«

»Aber in Prag hat die Eisenbahnbehörde erklärt, daß die Verladung des Schiffes auf die Eisenbahn unmöglich ist.«

»Ach Unsinn! M. W. (Machen wir!) Wenn Sie das Schiff aufgeben wollen, brauchen Sie bloß dieses Formular hier auszufüllen.«

Und so wurde das Formular ausgefüllt, und die brave »A. Lanna 8«, die sich vier Wochen lang unter schweren Gefahren, Mühen und Leiden auf fremden Strömen, Meeren und Kanälen umhergetrieben hatte und dann ein halbes Jahr lang im Frankfurter Hafen gelegen hatte, dem Raube preisgegeben, setzte sich nun in einen Eisenbahnzug, um nach vier Tagen in Preßburg zu sein.

Acht Monate nach ihrer Abreise war sie am Ziel. Hätte man sie in Budweis auf die Bahn geladen, so wäre sie binnen zwei Stunden auf der Donau gewesen.

Meine Tätowierungen

Mein Zimmerkollege Heinrich, dessen vierzig Schlägermensuren und fünfunddreißig Säbelpartien sein Gesicht in ein Pepitamuster, seine Schädeldecke in Hackepeter und seinen Körper in die Bilderbeilage eines chirurgischen Lehrbuchs verwandelt haben – mein Zimmerkollege Heinrich also schüttelt verächtlich besagten Hackepeter, wenn ich mit entblößtem Oberkörper am Waschtisch stehe. »Es ist mir unerfindlich«, sagt er, »wie man sich so zurichten lassen kann!«

Auch der pensionierte Postverwalter Anton Schißling, der von Gewissensbissen zernagt ist, weil er sich einst beim Briefmarkenverkauf zum Schaden einer Partei um fünfzehn Pfennige verrechnet hat, hält meine Tätowierungen für unklug. Im Dampfbad beteuerte er mir, er würde sich niemals so etwas machen lassen: »Wenn ich einmal einen Mord begehe oder etwas Ähnliches, so würde mich jede Polizeibehörde der Welt sofort agnoszieren können.«

Ganz dasselbe äußert der Hasenschartenwilly, der wirklich mit der Polizei zu tun hat, ist er doch in Rom und Stockholm wegen Falschmünzerei, in New York wegen Scheckfälschung und in Berlin wegen Hehlerei und Betrug verurteilt worden, insgesamt zu achtzehn Jahren. Wenn er heranhumpelt – zum Glück hört man seinen Klumpfuß schon von der Ferne aufs Straßenpflaster schlagen, und das Muttermal auf seiner Wange funkelt auf fünfzig Meter – weiche ich ihm schnell aus, denn er verhöhnt mich beständig: »Haha, *ich* bin nicht so dumm, mich tätowieren zu lassen, um's der Polizei leicht zu machen.«

Meinem Kompaniechef, der vom Tage seiner Geburt an ein Medaillon als Amulett am Halse trägt, war es unbegreiflich, wie man sich tätowieren lassen könne: »Schon der Gedanke, zeitlebens das gleiche Ding auf dem Körper zu haben, würde mich rasend machen.«

Allgemeingültige Grundsätze hat meine Freundin Lu: »Am Körper, den uns Gott gegeben hat, soll man nicht herumbasteln.« Dabei rümpft sie ihr herziges Stumpfnäschen, für das sie im vorigen Jahre dem Professor Josef, ohne mit der Wimper zu zucken, hundertfünfzig Dollar bezahlt hat, während sie es unverschämt findet, daß der junge Arzt in der Charité fünf Mark dafür verlangte, daß er die Ohrläppchen ihres Töchterchens durchbohrt hat: »Zwei winzige Löcher für die Ohrringe! Ist das nicht ein Nepp?!«

Herr Sigmar Wreschowinsky ist böse auf mich, weil ich von seiner Empfehlung an einen Enttätowierer keinen Gebrauch gemacht habe, ja, mich von neuem tätowieren ließ. »Sie werden es schon bereuen! Ich habe auch solche Dummheiten gemacht, als ich noch Pferdehändler in Frankfurt an der Oder war und Schaubudenbesitzer in Perleberg; sogar, wie ich mich schon zum Stadtreisenden in der Konfektionsbranche emporgearbeitet hatte, ließ ich mir noch Blusenmodelle auf die Brust tätowieren, weil die Kundschaften, die Dienstmädchen, am liebsten vom lebenden Körper aussuchen. Aber jetzt mußte ich mir alles herauskratzen lassen, trotzdem ich zuckerkrank bin – schickt es sich denn für einen Berliner Kunstbeirat, mit tätowiertem Körper herumzulaufen, wie sieht denn das aus?«

Meine erste Tätowierung ist schon alt, ihr Sujet hat viel Beachtung erregt, obwohl ich an diesem unschuldig bin. Ich saß im Arrest neben einem Lithographen, der sich erbötig machte, mir ein Stilleben auf den Rücken zu tätowieren. In Wirklichkeit aber stach er mir das porträtähnliche Bild unseres Obersten ein, wie mir dieser, kopfabwärts und mit herausgestreckter Zunge, den Buckel hinunterrutscht, tief den Buckel hinunter . . . Es war wohl meines Zellengenossen eigener Wunschtraum, den er mir da auf meine Reversseite applizierte, ohne daß ich die Unterschiebung merkte. Die anderen Häftlinge lachten sich halbtot über meine Ahnungslosigkeit, sie umstanden den Graphiker und betonten unausgesetzt, wie gut die Weinflasche, der Gansbraten und die Blumenvase gelungen seien. Als das Werk fertig war, bedauerte ich, es nicht besehen zu können. Leider stand kein Spiegel in unserer Zelle. In der Nacht schwoll das Gemälde – es war mit Stiefelwichse eingestochen – dergestalt an, daß ich mich zur Marodenvisite melden mußte. Der Regimentsarzt erkannte sofort, wen das Porträt vorstelle, und erstattete die Anzeige. Die Offiziersversammlung trat zusammen, und ich mußte vor ihr das Kunstwerk enthüllen. Meiner Angabe, ich hätte nicht gewußt, was hinter meinem Rücken auf diesen gezeichnet werde, wurde kein Glauben geschenkt. Auch der Lithograph konnte nicht leugnen, daß es der Herr Oberst sei, der da rotgeschwollen auf meiner Haut prangte. Der Oberst selbst fand sich zum Sprechen ähnlich und war so empört, daß er einen Schlaganfall erlitt. Das Tribunal sprach mir die Eignung zum Offiziersanwärter ab und verlängerte meine Haft.

Bald aber mußte ich freigelassen werden, da der Oberst gestorben war und man für die Trauerfeier ein Porträt brauchte; außer auf meinem Rücken war keines vorhanden. Ein Maler kopierte die Zeichnung, während ich auf dem Kopfe stand. Die Kopie mißlang. Und wenn die Witwe das Bild ihres Gottseligen sehen wollte, kam sie zu mir, küßte die teuren Züge und benetzte sie mit ihren Zähren.

In einem Geschäftslokal am Galatakai in Konstantinopel ließ ich mir 1906 einen Excentric auf den rechten Arm tätowieren. Ich habe es getan,

1. weil ich gerade vom Militärdienst kam und mich nun tätowieren lassen konnte, wo und wie ich wollte, ohne daß mir eine Offiziersversammlung hineinzureden hatte,

2. weil ich wissen wollte, ob das Tätowieren ohne Stiefelwichse weniger schmerzhaft sei, und

3. hauptsächlich, weil mich das Plakat überzeugte. Es war englisch und deutsch.

Dieser Yankee imponierte mir! Der verstand es, seine See-Erfahrungen zu verwerten! Der kannte die Psyche der Seamen und Docker aller Nationen! Solch eine Verschwendung an Rufzeichen und Superlativen – echt amerikanisch! Es war der Entschluß eines Augenblicks, und ich stand dem ehemaligen Bootsmaat und Obertätowierer des Admiralsschiffes »Columbus« (U.S.A.) !!Amerika!! – persönlich gegenüber. Ich bat ihn, mir seine wundervollsten Muster zu zeigen, zur freien Auswahl, nach persönlichem Geschmack, – so wie es auf dem Plakate stand. Zu seinem allergrößten Leidwesen hatte Herr Alfred Löwenfeld aus Proßnitz das Album vor einer halben Stunde – so ein Pech! – einem Schiffskapitän zur Ansicht geschickt. Er habe heute nur eine einzige Vorlage hier, den berühmten Negerartisten Bimbo. Ich schaute mir Bimbo an; ein widerlicher Varieténeger mit einem Maul wie ein Schimpansengesäß und mit einer Krawatte, die wie eine verfaulte Erdbeere aussah. Bevor ich noch den Versuch machen konnte, mich zu verabschieden, hatte Alfred Löwenfeld meinen Arm bereits gepackt, schon war die Kontur des ekelhaften Excentrics von der Vorlage auf meine Haut abgedruckt, eine trübe Fabriktusche aus ihrem Günther-Wagner-Fläschchen in eine Reibschale geschüttet und ein Elektrisierapparat eingeschaltet. Mit etwas, was halb Injektionsspritze, halb Hohlnadel war, vom Apparat mit Elektrizität und aus der Farbschale mit Tusche gespeist wurde, fuhr er nun den Umriß des Niggers entlang, daß Blut und Tusche nur so spritzten. Die Hose wollte er schwarz anlegen, allein ich verzichtete energisch. Dagegen nützte mein Protest nichts, als er die schwarzen Glotzaugen grün umränderte – sonst würde man doch in dem schwarzen Gesicht nicht sehen, daß

!! Wer untätowiert ist, ist nackt!!

! Schämst du dich nicht, nackt herumzulaufen !

!!SCHMÜCKE DEINEN KÖRPER!!

Wer seine Frau liebt, läßt sich tätowieren!
Wer seinen Mann liebt, läßt sich tätowieren!

!! Garantiert schmerzlos !!

Für Damen Spezial-behandlung!

An allen Stellen!

Hier werden Tätowierungen nach Entwürfen der berühmtesten Maler ausgeführt

Alles, was der männliche Körper ausdrücken soll, steche ich ein: Politik, Erotik, Athletik, Aesthetik!

An allen Stellen!

!! Garantiert schmerzlos !!

Wundervollste Muster! Freie Auswahl! Nach persönlichem Geschmack!

Giftfrei! — Nur elektrische Behandlung! — Unverwüstlich!

! Gebt euren Körper nicht in die Hände von Pfuschern !

! Meine Tätowierungen dauern über den Tod hinaus !
(Referenzen aus allen Hafenstädten der Welt.)

Zwanzig Jahre Praxis!
Zivile Preise!
Reparaturen billigst!

Fred A. Lionsfield
ehem. Bootsmaat und Ober-Tätowierer des Admiralsschiffs „Columbus" (U. S. A.)
!! Amerika !!

es Augen sind! Er hatte recht, und ich ließ mir giftgrüne Kreise in den Arm stechen.

Während der Operation erzählte mir der alte amerikanische Bootsmaat vom Admiralsschiff »Columbus«, daß er in Proßnitz bis zum vorigen Jahr ein Kolonialwarengeschäft hatte, aber bankrott wurde. Bei Nacht und Nebel fuhr er davon, wollte nach Palästina, wo er einen Neffen vermutete. Auf der Fahrt wurde er so seekrank, daß man ihn hier in Konstantinopel ausschiffen mußte. »Na, und da habe ich einen Norweger kennengelernt, dem hier die Tätowiererei gehört hat. Ich hab' mir gedacht, das wäre etwas für mich, und weil mir der Eskimo eingeredet hat, das Geschäft geht gut, hab' ich ihm erzählt, ich soll in eine Exportfirma in Jerusalem als Kompagnon eintreten, aber wenn er mir sein Geschäft übergibt, trete ich ihm meines ab und noch meine Fahrkarte. Er war einverstanden, ich war mit ihm beim Notar, weil er eine regelrechte Vollmacht haben wollte, daß ich ihm meine Anteile von der Jerusalemer Firma abtrete . . .«

»Welche Firma haben Sie denn genannt?«

»Ich weiß es nicht mehr – irgendeine Adresse – das ist doch egal, nicht? – Kurz und gut, er ist mit meiner Schiffskarte weggefahren – zur Sicherheit habe ich noch die Anzeige gegen ihn erstattet, damit er nicht zurückkommen kann –, und ich bin hiergeblieben. Aber kein Mensch ist in den Laden gekommen – ich bitte Sie, wer ist heutzutage noch so dumm, sich tätowieren zu lassen – es war eine Pleite – der Ganef hat mich hineingelegt, nur diese rostige Maschinerie hat er mir dagelassen, mit der ich die schönste Blutvergiftung herbeiführen kann« – er stichelte gerade den verfaulten Erdbeerschlips, daß Karmin und Blut und Tusche eine schöne Schweinerei ergaben –, »denken Sie sich meinen Verdruß mit den Behörden, wenn einer von meinen Kundschaften an Blutvergiftung stirbt! Niemand wäre in den Laden hereingekommen, wenn ich nicht das Plakat hätt' machen lassen – auf das fällt doch hier und da ein Trottel herein!«

Die Erschaffung Bimbos war zu Ende, es tat weh, viel mehr als eingestochene Stiefelwichse. »Garantiert schmerzlos«, dachte ich schmerzlich. Nach acht Tagen werde das vergehen, beruhigte mich Mister Lionsfield, ich müsse nur den Arm den ganzen Tag nach oben halten und viel Vaseline daraufschmieren. Tatsächlich ging nach längerer Behandlung durch einen hervorragenden Dermatologen die Geschwulst zurück, nur die grünen Augen werden alljährlich rezidiv. Aber gerade wegen dieser stechenden Augen – oh, wie sie stechen, ich weiß es am besten! – haben die Frauen den tätowierten Nigger so lieb. Noch nach Jahren fragen sie mich: »Was macht dein Bimbo, ist er noch immer so oft entzündet?« Ich habe solche Erkundigungen in Gesellschaft nicht gern, weil man wissen will, wer dieser Bimbo ist, und ich dann das schwarze Scheusal mit den grünen Augen herzeigen muß.

Die Tätowierung meines linken Unterarmes stellt den Schädel eines Mandarins dar, in dessen Schläfe ein kunstvoll geschmiedetes Krummschwert steckt; auf dem verzierten Knauf hockt ein Schmetterling, der Zopf ist auf den Mund des Toten gelegt, Blut tropft von der Schläfe, blutig ist die Schnittfläche des Halses, blutig die Schwertspitze und das Bändchen des herrlich geflochtenen Zopfes. Auch der Schmetterling auf dem Säbelgriff ist zweifarbig, rot und blau sind seine Flügel. Ich habe mir im Chinesenhaus der Triestiner Cività vecchia diese Zeichnung aus den vielen hundert Bildchen des Musterbuches ausgesucht, das mir der berühmte Tätowierer der Adria vorlegte. Einen Moment lang schien es mir, daß der gelbe Meister überrascht sei, daß sich seine geschlitzten Augen noch mehr einkniffen, und daß Ironie in seiner Frage liege: »Why do you want even this?« Mir gefalle dieses Bild, erwiderte ich, worauf er die Drachentusche anrieb, in einem zweiten Schälchen das Merveilleux-Rot auflöste und mir nun mit der Hohlnadel den Schädel mit den Blutspuren, das feine Geflecht des Zopfes, das Geäder des Schmetterlings, die Zisellerarbeit des Schwertknaufs unter die Haut stach, exakt, lautlos. Nur am Schluß, als er seine Arbeit prüfend besehen hatte, wandte er sich – wieder mit dem heimtückischen Lächeln – an mich, ob ich wisse, was das vorstellt. – Ich verstand nicht, was er mit seiner Frage meinte. – »That's the picture of a murdered chinaman.« – Esel, dachte ich, was soll es denn sonst sein! Mehr war aus ihm nicht herauszukriegen, und ich zweifelte nicht daran, daß ich mir das Abzeichen eines geheimen chinesischen Ordens, eines Bundes revolutionärer Boxer oder gar eines Flammenordens ausgewählt hatte.

Aus diesem Wahn wurde ich erst einige Jahre später gerissen, als ich mit einigen Freunden, Londoner Reedern, eine Exkursion nach Pennyfields unternahm, dem Bezirk der Westindia-Docks. Wir zogen zum alten Gauner Tschang-Tu-Tao, der nicht bloß ein »Chinese Seamen licensed Boarding House« innehat, sondern auch eine weniger licensed Opiumhöhle und einen Handel mit chinesischem Bric-à-brac: mit Vogelbildern auf Seide und Chimären aus Bronze, Götzen aus Jade, geschnitzten Elfenbeindosen, Nippes-Pagoden aus Porzellan oder schwarzem Bernstein – Andenken oder Amuletts, die Emigranten aus dem Reich der Mitte hier als Pfand für ein Nachtlager oder an Zahlungs Statt für ein Kügelchen Opium zurückgelassen hatten, oder Mitbringsel des »Jack Tar«, des englischen Seemanns, der sie nach der Themselandung verkaufen mußte, weil die Heuerung für die erforderliche Zahl von Gläsern Gin nicht reichte. Meine Freunde hatten auf der Schiffsbörse in Erfahrung gebracht, daß ein Schoner aus Peking heute sechs Geishas gelöscht habe, die bei Tschang-Tu-Tao Quartier genommen hatten;

wir wollten sie besichtigen, bevor Scotland Yard sich für diese Einwanderung interessiere.

Über die Holztreppe stiegen wir in den ersten Stock hinauf, wo in einem Zimmer an dreißig Chinesen auf der Erde hockten, Pfeifen im Mund, Schnapsgläser und Teebecher vor sich, die gelben Gesichter dem Holzkohlenherd zugekehrt; die Mädchen saßen bei ihnen. Bei unserem Eintritt sprangen alle Männer auf, umringten uns und schrien auf uns ein: »Firemen? You want firemen?« Nein, wir brauchten keine Heizer, enttäuscht schlichen die armen Teufel wieder zu ihren Sitzen neben die Mädchen. Auch die sollten ihnen genommen werden. Tschang-Tu-Tao kam hinter der Theke hervor und führte uns – ohne viel nach dem Begehr zu fragen – in die zweite Etage, an einigen Kammern vorbei, aus denen der süßlich-beizende Geruch des Opiums in die ohnehin sengende Hitze des Hauses drang; darin lagen Raucher, drehten liebkosend eine weiche Masse zu Kugeln, hielten sie über das Öllämpchen und schmierten sie in die dickröhrigen Pfeifen . . .

Im »saloon« setzte uns der Chef des Hauses ab und nahm die Bestellung entgegen: echten Tee, von ebensolchen Geishas serviert. Er verschwand nach unten, wo die Unterhaltung verstummte – wahrscheinlich erfuhren jetzt die arbeitsuchenden Firemen, weshalb wir hierher gekommen waren, und daß die Mädchen sie verlassen müßten, um den weißen Herren zu dienen. Die jähe Stille wirkte erschreckend. Die Teedamen traten ein, scheu und devot, sie neigten sich dreimal tief, mit den Händen den Fußboden berührend, halfen uns aus Rock und Weste und – plötzlich hielt das Mädchen, das mir behilflich war, inne, starrte fassungslos auf die Tätowierung meines linken Armes. »Aha«, dachte ich, »jetzt merkt sie, daß ich ein mächtiger Mann bin.« Aber schon kreischte sie auf und lachte. Die anderen Mädchen kamen herbei und kreischten auch, und lachten, lachten. Prustend sprangen sie aus der Türe, die

Holzstiegen hinunter, in den Wirtsraum – die unheilschwangere Stille ging in ein brüllendes Gelächter über.

Verdutzt warteten wir auf die Wiederkehr der Mädchen, wir riefen den Wirt, er kam nicht. Nur das Gelächter hörten wir, im Baß und Diskant. Wir zogen unsere Röcke wieder an und wollten gehen. Da erschien Tschang-Tu-Tao, mit Mühe ernste Miene bewahrend. Was denn meine Zeichnung bedeute, fragten wir ihn. Nach langem Zögern rückte er mit der Sprache heraus: jeder Mann, der in den Dienst für die kaiserlich chinesischen Frauenpaläste aufgenommen wurde, wurde – gleichgültig ob Asiate oder Europäer – bei seiner Kastrierung auch tätowiert – mit dem abgeschnittenen Schädel, zur Mahnung an die Strafe, die bei einer Pflichtverletzung seiner harre, und zu seiner Kenntlichmachung im Falle einer Flucht. Schon im kaiserlichen China waren die Männer mit dem »Win«, dem Eunuchenzeichen, Gegenstand geheimen Hohnes, in der Republik werden sie öffentlich verspottet, und niemand verkehrt mit einem »Win-ho«. Auf der Treppe grinsten dreißig quittengelbe Gesichter, die Mädchen zeigten mich ihren Landsleuten: »Der ist es, der ist der Win-ho.«

Die schönste Tätowierung, die ich je gesehen, besitzt Admiral Horthy: einen Drachen in Grün und Gold, der die ganze linke Brustseite einnimmt. Horthy erschien täglich im Polesaner Marinebad, die linke obere Trikothälfte heruntergelassen, damit jeder die Zeichnung bewundern könne; er ließ sich von jungen Seeoffizieren und Badegästen umringen, denen er – fast immer in den gleichen Worten – die Details erklärte. Außerdem war er an einer anderen Stelle des Körpers tätowiert, und – von Offizieren des Admiralstabes aufgestachelt – bat ich ihn am 10. Juni 1918, nach dem Abendbrot auf dem »Viribus unitis«, während der einzigen Ausfahrt der österreichisch-ungarischen Dreadnought-Flottille, mir auch seine andere Tätowierung zu zeiigen. Er willfahrte meinem

Wunsch. Wenige Stunden später war Alarm – der »Szent Istvan«, der größte und neueste Dreadnought der Wehrmacht, der backbords gestaffelt hinter uns dampfte, war torpediert worden, war ein Wrack, das unterging. Alles mußte auf Deck, um nach feindlichen U-Booten auszuspähen. Horthy unterließ es, der schiffbrüchigen Mannschaft zu Hilfe zu kommen, mit der Begründung, er könne nicht auch das Admiralsschiff der Gefahr einer Torpedierung aussetzen. Erregt ging er auf und ab, als er mich sah, kam er auf mich zu: »Ich hätte die Zeichnung nicht zeigen sollen, Herr Oberleutnant – immer, wenn ich das tue, gibt es ein großes Unglück.« Das Unglück war tatsächlich groß – die Zahl der Toten ist niemals bekanntgegeben worden, geborgen wurden nur vierzehn Leichen, die wir am übernächsten Tage auf dem Marinefriedhof begruben.

Erzherzog Franz Ferdinand war auf der rechten Hüfte tätowiert, und zwar mit einer Ibisschlange, die in Ägypten als Schutzsymbol gilt. Dieselbe Tätowierung hatte auch Kronprinz Rudolf über dem Herzen, doch war der Schlangenkopf nach innen, statt nach außen gerichtet. Deshalb hätte das Totem den Kronprinzen vor dem Todesschuß nicht geschützt, der Araber habe vielleicht absichtlich dem Giaur das entgegengesetzte Symbol eingestochen, pflegte Erzherzog Franz Ferdinand zu erzählen. Übrigens sei auch seine eigene Tätowierung nicht ganz vollkommen, die Schlange züngle aufwärts, doch schade das nicht, weil sie an ungefährlicher Stelle – einer Weichseite der rechten Körperhälfte – liege. Der Obduktionsbefund des ermordeten Thronfolgers ergab später, daß die tödliche Kugel »oberhalb des rechten Hüftenbeins, mitten durch eine Tätowierung« gedrungen sei.

Albert Londres erzählt in seinem Buch »Le Bagno«, daß sich die französischen Sträflinge in den Deportationsstationen ganze Perücken auf die Glatze und Brillen rund um die Augen einstechen.

Das geschieht aus Langeweile beim Militär und in den Strafanstalten oft. Bei den Wahlen in die Nationalversammlung des jugoslawischen Königreichs wandte sich ein Kandidat heftig gegen den kroatisch-agrarischen Gegner, der früher zu »Sr. Majestät allergehorsamster Opposition« gehört habe und sich nun als Republikaner aufspiele, während er, Redner, die Monarchie von Jugend auf bekämpft und so weiter. Der Agrarier war geschlagen, er konnte kaum zu Worte kommen; als es ihm schließlich doch gelang, knöpfte er den Kragen ab, schob sein Hemd etwas zurück und erklärte, er anerkenne die größere Konsequenz seines geschätzten Herrn Vorredners und sei bereit, von der Wahl zurückzutreten, wenn sich der Gegenkandidat gleichfalls mit entblößter Brust vor die Versammlung stellen würde. Damit hatte er gewonnen – denn auf des anderen Busen war ein prächtiger österreichischer Reichsadler tätowiert.

Shipping exchange

Was die Lehrer in der Schule uns erzählen, das glauben wir ja doch nicht. Sie verwechseln noch am Schlusse des Schuljahres die Schülernamen, die uns gleich nach Beginn des Semesters geläufig waren, sie sehen nicht, wenn wir schwindeln, wenn wir einsagen oder abschreiben, sie können uns nicht imponieren. Was Wunder, daß wir ihnen von all dem nichts glauben, was sie vortragen! Die Gesetze vom Stoß elastischer Kugeln sind gewiß nur ausgedacht, weil es ohne dergleichen Dinge keinen Physikunterricht gäbe, die Jahreszahlen von Goethes italienischen Reisen und die endlosen Reihen von Logarithmen sind von den Schulmeistern der Welt willkürlich festgelegt worden, Landkarten sind phantastische Spielereien eines Zeichners, und es ist anzunehmen, daß in einem anderen Lehrbuch oder gar in einer anderen Auflage des gleichen Lehrbuches Amerika in Kreisform aufgezeichnet ist – wozu müßten denn sonst alle Schüler die gleiche Auflage haben?

Dieses Mißtrauen hält nach. Und wir erstaunen maßlos, wenn wir – der Schule entwachsen – zufällig einmal die Ilias zur Hand nehmen und die Entdeckung machen, daß Homer nicht bloß »Privatlektüre« und ein Thema für Schularbeiten, sondern ein Dichter war. Als ich einmal in den Zoologischen Garten kam, war ich vor dem Käfig der Zibetkatzen viel verblüffter als mein Neffe. Selbstverständlich! Mein Neffe war noch nicht schulpflichtig, ich aber bin wegen der Zibetkatze in der Quinta durchgefallen. Wie oft hatte ich im nächsten Jahr mit Haß und Reue an die Zibetkatzen gedacht, ich wußte genau, daß sie auf Seite fünfundsechzig des Naturgeschichtsbuches stehen, ich kannte dann auch alle ihre besonderen Merkmale auswendig.

»Sehen Sie, hätten Sie das rechtzeitig gelernt, so hätten Sie ein Jahr gespart!« Häufig genug bekam ich das vom Professor zu hören.

Nie im Leben wäre ich jedoch auf den Gedanken gekommen, daß es leibhaftige Zibetkatzen gäbe. Und nun stand ich da vor einem Gitter, hinter dem die Zibetkatzen unbefangen und fröhlich spielten, als ob es niemals einen Quintaner gegeben hätte, der um ihretwillen durch das Examen gefallen wäre. Sie spielten arglos, als könnte nicht der Feind einen Revolver aus der Tasche ziehen und grausame Rache nehmen für das verlorene Jahr seines Lebens. Was holte ich hervor? Die »besonderen Merkmale« der Zibetkatzen, die in einer Revolvertasche meines Gedächtnisses ruhten. Legte sie gegen die Tiere an, erbarmungslos. Drückte ab. Allein die Bestien spielten seelenruhig weiter, ich konnte ihnen mit meiner Salve von besonderen Merkmalen nichts anhaben, jedes Projektil prallte von der zugehörigen Stelle ab: die besonderen Merkmale stimmten! Da blieb mir nichts anderes übrig, als meinen Neffen die besonderen Merkmale der Zibetkatzen zu erklären, und alle Leute ringsumher waren baß erstaunt über meine zoologische Bildung. Am meisten wunderte ich mich selbst.

So ist es mir oft ergangen. Angesichts der Akropolis fiel mir ein: Es muß doch ein Altertum gegeben haben, so unwahrscheinlich es auch ist. Vor dem Manuskript des »Candide« in der Bibliothèque nationale erfuhr ich, daß es Götter gab: Da sah ich die Handschrift Voltaires, er hat wirklich geschrieben, er hat wirklich gelebt!

Und jetzt habe ich gar die Geographie entdeckt. Ich bin in der »Baltic Shipping Exchange«, der Schiffahrtsbörse, die in einer Seitengasse der Londoner City steht. Von dieser Seitengasse aus wird der Handelsverkehr zwischen den Erdteilen und auf den Meeren geregelt, und wenn das Börsengebäude eines Tages niederbrennen würde, so müßte der Schiffahrtsverkehr – von einem anderen Lokale aus reguliert werden. Doch wären die alten Börsenmitglieder in einem neuen Saale mit ihren geographischen Kenntnissen verloren. Im bisherigen Börsenhof ist nämlich die Geographie durch zwei Reihen schöner Marmorsäulen in drei Teile geschieden. Im linken Gang liegt Australien und der »Far East«, der Ferne Osten, worunter man die Gebiete von China und Japan bis zu den Straits Settlements mit der Hauptstadt Singapore versteht. Der Mittelgang ist Amerika und der Osten, das heißt Indien, die Sundainseln bis zum Suezkanal und Afrika. Im rechten Gang sind wir in Europa; hier bin ich meinem alten Rechnungsunteroffizier Beer Vogelkopf aus Rzezow zufällig begegnet. Noch immer trägt er seine von semmelblonden Lokken umrahmte Glatze, doch heißt er Billy Birdshead, und an Stelle des Deutschen ist es jetzt das Englische, das er mit Rzezower Akzent spricht. Und während er früher als Reisender in Schuhoberteilen die Strecke Brody-Tarnopol befuhr, ist er nun mit nicht minderem Eifer beschäftigt, den Schifffahrtsverkehr aus dem Schwarzen Meer in baltische Häfen zu dirigieren, ohne deshalb dem Atlantischen Ozean seine Fürsorge ganz zu versagen.

Natürlich wird die Einteilung durch die Säulenmeridiane nicht immer streng eingehalten. Es ist die Welt großzügiger Menschen, und als der livrierte Boy von der Rostra herab den Namen des Mister Hilleary in den Saal rief, der am Telephon gewünscht wurde, sah man Mr. Hilleary aus der Gegend von Tokio längs der pazifischen Küste, mitten durch San Franzisko und Peru hart an Hamburg vorbei in die Telephonzelle eilen. Es kommt häufig vor, daß jemand, der gerade in Melbourne ein Geschäft abschließen, aber den Ohren der anderen Australien-Interessenten nicht ausgesetzt sein will, seinen Partner ein wenig nach Marseille hinüberzieht, um dort alles unbelauscht zu besprechen.

Was besprochen wird? Das Frachtbedürfnis des Verschiffers und das Frachtangebot des Schiffsbesitzers werden ausgetauscht. Der Verschiffer (hier »Charterer« genannt) sucht zum Abholen oder Versenden seiner Waren die Dampfer eines Reeders (in England »Owner«) zu mieten.

Wozu aber geht dann der Verschiffer auf die Börse? Warum schickt er nicht einfach dem Reeder eine Karte mit dem Auftrag, sechshundert Tonnen Salpeter aus Chile abzuholen und dem Käufer in Antwerpen abzuliefern? Das ginge ja alles sehr gut, wenn nicht die Hinreise nach Chile einige Pfund Sterling kosten würde; und auch die Rückreise stellt sich erheblich billiger, wenn der Reeder in jenem Hafen von Chile oder sonstwo auf der Reise noch andere Fracht aufnehmen kann. Wie aber soll der Verschiffer ahnen, welche Kargodampfer sich gerade in der Gegend von Chile herumtreiben und ob sie Platz für seine sechshundert Tonnen Salpeter haben? Und wie kann ein Reeder, dessen Schiff zufällig in Chile sechshundert Tonnen Leinenwaren abgeliefert hat, davon Kenntnis haben, daß in Manchester ein Kaufmann wohnt, der glücklich wäre, wenn er in Chile jemanden wüßte, der ihm von dort sechshundert Tonnen Salpeter nach Europa brächte?

Wenn das Wasser, um dessentwillen die zwei Königskinder des deutschen Volksliedes zusammen nicht kommen konnten, noch so groß wäre, so groß wie der Ozean – das Lied würde auf der Shipping Exchange fröhlicher schließen: es käme ein Broker und brächte sie zusammen. Denn es ist der Beruf des Brokers (auf deutsch: Makler), der Deux ex machina zu sein.

Der Broker dirigiert die Börse. Er hört mit bedenklichem Kopfschütteln den Wunsch eines Verschiffers an, der gern für seine Eisenladung aus Birmingham ein Schiff nach Indien haben möchte. Er hört es mit bedenklichem Kopfschütteln an, aber innerlich frohlockt er: weiß er doch ganz genau, daß ihm ein doppeltes Geschäft winkt, denn der Reeder Landswood hatte sich schon mit dem Gedanken abgefunden, seine »Amicitia« leer nach Indien zu senden, um die burmanische

Reisernte abzuholen. Der Verschiffer glaubt vielleicht dem bedenklichen Kopfschütteln, wird dringlicher und bietet einen höheren Preis. Deshalb hat ja der Broker auch den Kopf geschüttelt. Manchmal aber ist der Verschiffer ein altes Mitglied der Schiffahrtsbörse und freut sich innerlich, wenn er den Broker scheinbar hilflos mit dem Kopf wackeln sieht. Dann sagt er: »Na, das macht nichts. Ich habe schon ohnedies ein anderes Tonnageangebot.« Da lächelt der Broker – ein Zeichen, daß ihm gar nicht zum Lächeln zumute ist.

Nicht alle irdische Macht hat der liebe Gott an den Broker abgetreten – er hat sich sein Vetorecht auf der Schiffahrtsbörse gewahrt. Seine Stellungnahme nennt man Witterung, Schiffsunglück oder Zufall, und erst dank dieser Hürden gibt es hier das, was das Wesen der Börse ausmacht: die Spekulation. Zum Erfolg der Spekulation trägt es wesentlich bei, daß man verläßliche Berichte und gute Tips aus dem himmlischen Rennstall besitzt. Zwar weiß man viel, doch möcht' man alles wissen. Man weiß, daß die Sonne von Nordamerika von August bis November das Korn zur Reife bringt, während schon im Juli die russische und die zentraleuropäische Ernte beginnt, man weiß auch, daß der indische Reis im Dezember eingebracht werden kann und daß das Zuckerrohr und die Getreidefelder von La Plata im April, im Mai und im Juni Früchte tragen. Womit man aber nicht kalkulieren kann, ist die Tatsache, daß ein Elementarereignis, ein unangesagter Hagel oder eine unbefugt herandringende Hitzewelle, die schöne Tonnage vernichten kann, bevor sie den Ehrennamen der Tonnage verdient hat. Durch einen Seesturm oder einen Eisblock kann ein Kargo zu Wasser werden. Die gräßlichste Katastrophe aber ist: wenn die Ernte in Europa so glänzend ausfällt, daß der Überseetransport von Getreide beinahe überflüssig wird. Hier setzen nun die Rennstallberichte ein: die Telegramme der meteorologischen Stationen, die Wetterberichte und -prognosen, die Ernteaussichten und alle die anderen Dinge, die ununterbrochen von livrierten Boys an den windschiefen »Boards« – dem Schwarzen Brett der Börse – affichiert werden.

Über die technischen Gefahren liefert »Lloyds Register« die Wahrscheinlichkeitsrechnung. Alle Schiffe samt Maschineneinrichtung sind geprüft und teils als Droschken erster Güte, teils als Droschken zweiter und dritter Güte klassifiziert worden. Niemand darf daher bei einem seine Ladung vernichtenden Schraubenbruch überrascht sein, wenn er ein Fahrzeug der Klasse 96 A^{I} oder 96 B gechartert hatte. Warum hat er gespart, statt das verläßliche Vehikel der Klasse 101 A^{I} zu wählen?

Nun kann er weinen – vorausgesetzt, daß er nicht hinreichend bei Lloyds versichert war. Dann allerdings ist die Assekuranzbank die Lloydtragende, und sie ist es, die den Unfall ins »Book of casualties« eintragen läßt, das, ein überlebensgroßer Foliant, auf dem eichenen Lesepult liegt. Und wenn irgendwo im Atlantik ein Schiff untergeht, so besteigt wenige Stunden später ein Clerk in schwarzem Talar die Kanzel und läutet »Lutines Bell« – die rostige Schiffsglocke, die das einzige ist, was von der vor hundert Jahren in der Zuidersee gesunkenen Fregatte »Lutine« geborgen wurde; die ganze kostbare Ladung – ungeheure Goldbarren – war verloren und Lloyds, bei der die »Lutine« versichert war, hatte alles zu bezahlen. Zur Erinnerung an dieses Unglück setzt man noch heute bei jeder Schiffskatastrophe die Glocke in Schwingung, und fünf Minuten lang stockt der Betrieb, alle Underwriters von Lloyds und alle Beamten der Börse, alle Owners und Brokers und Charterers denken in frommer Pietät an den großen Material- und Geldschaden, den der mit hundert Menschen untergegangene Schoner der Börse verursacht.

Ein Schiffbruch mit Mann und Maus und eine gute europäische Ernte sind beileibe noch nicht das ärgste Malheur, das einen Schiffs-Börsianer heimsuchen kann. Viel schlimmer trifft es den Reeder, der gestern fünf Steamer nach Kanada dirigiert hat, wenn er eben aus einem Hafenbericht von New York erfährt, daß sich sechs Warendampfer seines Konkurrenten gleichfalls nordwärts bewegen. Er muß – wenn es noch geht! – die Weisung ändern, sonst kommt er zu spät nach Kanada und findet morgen dort den Rivalen, den harmlos lächelnden Herrn, dem er jetzt ebenso harmlos die Hand schüttelt. Ja, ein Autotaxi riskiert weniger, wenn es um dreiviertel elf Uhr nachts unbestellt vor die Philharmonie fährt, um eilige Konzertbesucher nach Hause zu bringen!

Auf der Galerie werden an Müller, Fabrikanten und Kaufleute schon die Ladungen verkauft, deren Fracht vor zwei Minuten unten abgeschlossen wurde. Die Geheimnisse der Nebengeschäfte von Eignern, Versendern und Vermittlern, die oft an den gegenseitigen Firmen beteiligt sind, und die Geschichten über mißglückte Spekulationen, vornehmlich des Time-Chartering, würden Bände füllen, so dick und so tragisch wie das Book of casualties.

Oben, an der Stirnseite des Saales, steht immer ein nacktes Mädchen von wundervollem Ebenmaß der Formen. Der Lärm brandet zu ihren Füßen und berührt die keusche Unschuld ihres Gesichtes nicht. Und auch die Members der Börse beachten sie niemals. Sie haben andere Sorgen, als eine Bronzefigur anzuschauen, die nicht verfrachtet werden soll.

Bei den Heizern des Riesendampfers

An Bord der »Vaterland«, 2. Juni 1914.

Wir fallen in die Unterwelt, den regulierten Fall des Fahrstuhls. Haßerfüllt und fürchterlich hören wir es aus der Tiefe dringen, in die wir sinken, immer unheimlicher und unerträglicher wird die Glut.

Die zehnte Station ist die Endstation des Lifts, aber wir sind noch lange nicht unten, erst im Vorraum sind wir der Teufelsküche. Höllenhunde in glattschwarzem Fell scharren und stampfen und knurren und belfern in grausam gleichförmigem Takt, und bläulicher Schweiß tropft aus ihren Poren, ihren Nüstern.

Festgeschmiedet sind die stählernen Ungetüme da, die ihre Wut verdampfen, die sich in kosmischen Geschwindigkeiten um ihre Achse drehen, ewig um ihre Achse, einhundertachtzigmal in der Minute. Sie müssen sich bewegen, denn sie bewachen das Reich der Verdammnis, das unter ihnen ist. Und sie sind selbst gut bewacht und genau kontrolliert: die zitternden Zeiger hinter halbkreisförmigen Scheiben würden es denunzieren, die starren, roten Ochsenaugen an den Wänden würden es verlöschend verraten, und die Ventile würden Hilfe herbeipfeifen, wenn in diesen seelenlosen Lebewesen ein Gedanke an Auflehnung keimte. Der Mensch weiß sich zu schützen gegen die Kolosse, die für ihn arbeiten, – er schützt sich durch ihresgleichen.

Und als wir die Maschinensäle durchwandert haben, vorbei an Vorwärtsturbinen und Rückwärtsturbinen, an beschaufelten Rädern und beschaufelten Trommeln, an einundsechzigtausend Wellen Pferdestärken, geht es noch tiefer hinab. Steil und eng ist der eiserne Stufenweg, wir tun besser, rückwärts zu gehen, um nicht kopfüber hinunterzustürzen. Die Geländerstange der Treppe können wir nicht mit bloßen Händen berühren, denn sie glüht. Je weiter wir tappen, desto heißer schlägt es uns um Stirn, Wangen und Hals, desto schwerer ringt sich der Atem aus dem Munde.

Die Leiter endet, wir betreten Boden. Unsere gemarterten Augen sehen schwarze Dämonen, die schattenhaft aus Wänden treten und in Wänden verschwinden, von Zeit zu Zeit peitscht uns ein gelb-roter Lichtstrahl, und aus grauem Höllenrachen springt eine Feuerwelle hervor, uns zum Bewußtsein bringend, daß wir Gerösteten noch immer nicht unempfindlich gegen Hitze sind. Wehe der Seele, die hier brät!

Fünfundfünfzig Meter unterhalb der Oberkante des Schornsteins stehen wir; an der Heckseite, im Kesselraum Nr. 4. Dieser »Raum« hat zwei breite Hauptstraßen von je dreißig Meter Länge und vier enge Seitengassen, je fünfundzwanzig Meter lang, kein Raum also, sondern ein Stadtviertel. Zwölf Wolkenkratzer: die Kessel. Den beiden breiten Avenuen sind die Fronten zugekehrt, und von hier aus führen in jedes Gebäude drei mächtige Tore, in der schlichten Sprache des Technikers »Feuerlöcher« genannt. Es gibt vier Kesselräume; nur der dem Bug zugekehrte hat nicht zwölf, sondern bloß zehn dieser Hochöfen. Sechsundvierzig haushohe Kessel mit dreimal sechsundvierzig hungrigen Mäulern. Zweihundert Meter hat man geradeswegs vom Anfang bis zum Ende dieses Massenquartiers von Kohle, Stahl, Staub, Ruß und Feuer zu durchmessen.

Keine Nachtruhe gibt es. Schon im Hafen wurden die unermeßlich großen Bunker außenbords gefüllt, ein ganzes Bergwerk versenkte sich donnernd hierher, achttausenddreihundertvierundsechzig Tonnen und noch eine Notreserve von vierhundertdreiundneunzig Tonnen – zwanzig Stunden brauchten die Kohlenelevatoren dazu. Dann begann für zweihundert Heizer und für zweihundert Trimmer das Kesseltreiben, die Arbeit, ihre eigene Werkstätte in eine Höllenlandschaft zu verwandeln. Hinab stürzt aus den Bunkern das schwarze Gestein in stählerne Schubkarren, die nun beladen zwischen den Kesseln schwanken. Es geht zu den Feuern. Die Glocke schrillt. Fünfmal in der Stunde schrillt sie. Das ist das Knurren des Magens, das ist das Zeichen zur Fütterung, das ist hier die Musik. Kohorten nackter Heizer greifen mit ihren Schaufeln in die Kohle und stoßen sie dem gierigen Tier zwischen die Lefzen. In beiden Unterkesseln, in den Röhren und bald auch im Oberkessel siedet das Wasser, Dampf wallt auf, und man hört, wie er oben im Maschinenraum die Speichen der Räder bewegt, wie die Turbinen, die vier Wellen und die vier Schrauben mit den Kräften von sechzigtausend Pferden zu atmen, zu leben und zu toben beginnen.

Die Gestalten am Ofen sind schwarz, schwarz wie alles ringsumher. Nur wenn sich das eiserne Gebiß des Kessels klaffend zu neuer Mahlzeit öffnet, wenn der Heizer mit der vier Meter langen Durchstoßbrücke das Feuer glatt über den Rost streicht oder wenn er mit der Schleuse alle vier Stunden die Schlacke aufbricht und Asche forträumt, dann fällt rotes Licht auf seine Stirn, nur dann sieht man weiße Streifen um seine Augen und an seinen Mundwinkeln, und man erkennt, daß diese Kohlenformation ein Mensch ist.

Sein Oberkörper ist waagerecht vorgeneigt, sein Unterkörper ist zum Sprung nach hinten bereit. So zurückweichend-vorwärtsstrebend kämpfen Gladiatoren. Der Speer fährt in den Schlund des Molochs, aus dem giftiger Odem faucht. Schon wirft sich das Ungeheuer empor, – da klappt die Tür des Zwingers zu, und hinter ihr hört man ohnmächtiges Stöhnen. Es wird wieder dunkel in den Straßen der Dampffabrik.

Pause. Silhouetten huschen vorbei. Wenn unmittelbar vor uns ein Arbeiter stehenbleibt oder sich zu Boden kauert, gleicht er einem schwarzen Stalagmiten. Die Trimmer schippen wieder in ihre Karren, die Feuer toben in ihren Kottern, sie zermalmen die Kohle, da ihnen der Mensch entging. Funken taumeln schräg durch das Düster, doch die Verzweiflung erstickt sie sofort.

Der Heizer darf jetzt eine Luftdusche nehmen. Er tritt im Stollen einige Schritte zur Seite, unter die Öffnung des Ventilators, und ein wirbelnder Windzug lockert die an die Stirn geklebten Haare und läßt sie flattern. Sechs solcher Lüftungsmaschinen sind da, jede hat zweihundertfünfzig Pferdestärken: ihnen ist es zu danken, daß man nicht versengt wird, aber sie können die Luft nicht kühlen, nicht verhindern, daß Stufen und Karren und Geländer glühend und die Arbeiter schweißdurchtränkt sind. Was will selbst diese Menge frischer Meeresluft gegen den Samum ausrichten, der sich aus den täglichen dreizehnhundert Tonnen brennender Kohle erhebt! Die Kessel sind besser daran: vier Gebläse von zweitausendzweihundert Pferdekräften führen ihnen Verbrennungsluft zu. Während der Asche-Ejektor Schutt und Schlacke schluckt, um sie in den Ozean zu kotzen, packen unsichtbare Schläuche die Rauchmassen, schleppen sie durch Kasematten und Kanäle rings um die Schiffswand, bis hinauf in die drei ockergelben Riesenschornsteine, die das Wahrzeichen des Schiffes sind. Die Schlote aber, die hohen Herrschaften, ziehen den Rauch behaglich ein und paffen ihn in die Luft.

Oberhalb des Kesselraums bewegen sich die Kolben der beiden Zentrifugalpumpen auf und nieder, daß der Dampf nicht verlorengehe, wenn er seine Pflicht getan – er muß wieder in neue Arbeit. Kaum ist er aus den Druckturbinen ausgetreten, braust er in die Kondensatoren, wo er niedergeschlagen wird. Dieses wiedergewonnene Kondensat wird in den Druckvorwärmern auf eine Temperatur von hundertzwanzig Grad gebracht und durch Speisepumpen zurück zu den Kesseln gedrängt, wo es neuerdings verdampft. Und der bereits einmal ausgeatmete Dampf strömt abermals in die Turbinen, sorgt dafür, daß deren Leben nicht erlöscht.

Freilich, nicht alles vom kostbaren Dampf kann ewig erhalten bleiben; durch Leckage und Undichtigkeit geht Qualität verloren. Da wird denn in den Evaporatoren destilliertes Ersatzwasser aus Seewasser erzeugt und dem Kondensat zugeführt.

Ewig jedoch steht der Heizer an der Feuerung und schiebt dem nimmersatten Raubtier neues und neues Futter zu. Nach je vier Stunden dürfen die Feuermänner aus der Arena treten, von der andern Schicht abgelöst. Vier Stunden später geht es wieder los. Wie beim Sechstagerennen. Auch die Überfahrt dauert sechs Tage.

In der Arbeitspause duschen oben in den Badesälen die Abgelösten und legen Wäsche an. Dann trinken sie ein Glas Bier und klettern auf ihr Lager. Es sind deutsche Arbeiter, keine Neger oder Chinesen, die unten im Kohlenbereich zu Kohle werden. Erfüllt die Glut der Kessel sie mit Glut? Erregt sie der Takt der Bewegung zur Bewegung? Ruft sie der Kampf zum Kampf? Hat der Pfiff ein Echo in ihnen, der Pfiff, der keine Unterbrechung zuläßt bei ihrer Arbeit im Fieberreich?

Sie spülen den Kohlenstaub mit einem Glase Bier hinunter und schlafen.

Erregte Debatte über Schiffskarten

In Begleitung eines imaginären Opponenten trete ich in das Seekartendepot ein.

Es ist sehr raffiniert, daß ich mir diesen scheinbar unbequemen Begleiter erfinde: Er bringt mir das Stichwort, er ist die bestellte Interpellation, seine Einsprüche geben meinen Aussprüchen erst Bedeutung, sein Widerspruchsgeist wird meinen Geist ins richtige Licht setzen.

Und je klüger, energischer, gebildeter mein Gegner sich geben wird, um so größer ist dann mein Sieg; schmählich wird am Schluß seine Niederlage sein, wenn ich ihm durch eine knappe, sachliche Widerlegung jeden ferneren Einwand unmöglich mache!

»Was gibt's denn da drinnen zu sehen?« fragt mich mein Golem mürrisch.

Ich, sein hoher Rabbi Löw, erwidere ihm höflich, da drinnen gäbe es Seekarten zu sehen.

»Drücken Sie sich etwas deutlicher aus. Sie meinen also Karten der Meeresküste?«

Nein, hochverehrter Herr Kollege, vor allem Meereskarten. Die Darstellung des Küstenfestlandes wird zumeist von den Aufnahmen des Militärgeographischen Instituts einfach auf die zugehörige Seekarte übertragen. Was aber hier gemacht, aufbewahrt und von hier ausgegeben wird, sind ausschließlich Seekarten, sozusagen Pläne des Meeres.

»Das müssen ja unbeschriebene Blätter sein«, lacht er. »Was ist denn einzuzeichnen auf dem Meere? Etwa Gebirge oder Wiesen oder Karrenwege oder Bahnhöfe oder Reisfelder oder Schienen? Auf dreihundertsechsundsechzig Millionen Quadratkilometern der Erdoberfläche ist doch nichts als

Wasser, ewige Gleichheit, ewige Horizontale, ewige Glätte. Wie soll denn eine Karte aussehen, auf der ein Quadrat Wasser dargestellt ist, im Norden, Osten, Süden, Westen – und was weiß ich, was es noch für Himmelsrichtungen gibt – immer nur von Wasser umgeben?!«

Alles Täuschung, hochverehrter Herr Kollege, die ewige Unwandelbarkeit, die ewige Horizontale, alles nur Täuschung, Schwindel, Verstellung, Maske . . . Wir sind aber gewappnet, wie Sie gleich sehen werden, Bertillonage, Daktyloskopie, Meßkartensystem, Verbrecheralbum des Meeres. Spazieren Sie nur weiter, Eintritt verboten. Hier, in diesen langen Sälen, finden Sie Schränke und Regale mit Fächern, in denen die Mappen sind, welche die Karten enthalten.

Mein Begleiter summt, um mich zu ärgern, die Variante eines Zungenfertigkeitscouplets aus dem Repertoire des Budapester Orpheums vor sich hin: »Es steht ein Haus am Berge . . . In langen Sälen hohe Schränke . . . In hohen Schränken viele Schuber . . . In vielen Schubern breite Mappen . . . In breiten Mappen alle Karten . . . Auf allen Karten tausend Zeichen . . . Es steht ein Haus am Berge, lange Säle, hohe Schränke, viele Schuber . . .«

Ich überhöre das und erkläre weiter: Diese Karten liegen in ihren Fächern geographisch geordnet, selbst einen Globus bildend. Mit ein paar Handgriffen kann man jede Reiseroute zusammenstellen . . .

»Also ein Fahrkartenbüro«, bemerkt jener ironisch.

Gewiß, hochverehrter Herr Kollege, ein Fahrkartenbüro, aber ein unentbehrliches. Ohne diese Fahrkarten gäbe es keine moderne Schiffahrt. Schauen Sie sich einmal die Ziffern und Zeichen eines solchen Blattes an, sie bedeuten Tiefen und Untiefen, Klippen und Bänke, Strömungen und Inseln, Flutzeiten und Radiostationen, Leuchttürme und Peilobjekte, astronomische und magnetische Nordrichtung. Sie sehen, hochverehrter Herr Kollege, jedes Blatt der »ewig gleichen

Ebene« ist von dem anderen ganz verschieden. Die Kartographen an den Tischen arbeiten auf aufgespannten Zeichenblättern, auf Kupferplatten oder Lithographensteinen, mit Reißfedern, Pantographen, Koordinaten, Auftragsapparaten, Zirkeln, Linealen und Farben, und zeichnen neue Karten und ändern die alten nach Meldungen, Segelhandbüchern und Vergleichskarten. Glauben Sie, daß die Leute das zum Zeitvertreib machen – ganz abgesehen von der Mappierung, die draußen auf dem Meere schwere Arbeit ist. Bis zu neuntausendsechshundertsechsunddreißig Meter Tiefe ist das Meer ausgelotet.

»Wozu diese Arbeit? Ist nicht Kolumbus ohne dergleichen Akkuratessen mit seinen gebrechlichen Karavellen geradenwegs auf sein Ziel zugesegelt, jawohl, *gesegelt?* Hat er nicht sein Fahrtziel dort erreicht, wo er es erreichen wollte, und ist er nicht trotz aller Unbill nach fast acht Monaten der Forschungsreise genau wieder in seinen Auslaufshafen zurückgekehrt? Ohne Ihre Seekarten mit Peilobjekten und wie all das Zeug heißt, dessen Kenntnis Sie da großtuerisch vor mir auskramen!«

Wohl, wohl, verehrter Herr Kollege! Aber Kolumbus ist eben durch die Kartographie zur Überzeugung von der Möglichkeit eines westlichen Seeweges gekommen. Ich habe Ihren Einwand vorausgesehen, verehrter Herr Kollege, und habe die Geschichte des Kolumbus zu Hause nachgelesen. Seine Einzeichnung von der Schwimmrichtung des geschnitzten Holzes und zweier an die europäische Küste geschwemmter exotischer Leichname, die Karte des Marinus von Thyrus und der Globus des Ptolemäus gaben ihm jene unerschütterliche Sicherheit, mit der er dem täglichen Drängen seiner Begleiter und der latenten Meuterei seiner Matrosen zu trotzen vermochte. Aus einem Raume, wie es dieser ist, in dem wir uns befinden, ja, gerade aus einem Seekartendepot kam er nach Amerika. Wie er dieses Kartenmaterial erlangt hat – das ist ein Liebesroman, der noch nirgends beschrieben ist.

»Und wieso kennen Sie diesen angeblichen Liebesroman?«

Meine Quellen verrate ich Ihnen nicht, verehrter Herr Kollege, aber die Geschichte kann ich Ihnen erzählen: Christoforo Colombo war (ebenso wie sein Bruder, der Kosmograph und Seekartenzeichner Bartholomeo in Lissabon) von väterlicher Seite her mit Kartophilie behaftet, ja – wenn Professor Siegmund Freud das Wort gestattet – sogar mit »Kartomanie«. Als er nun in Portugal den großen Seefahrer Don Muniz de Perestrello kennenlernte, war es sein krankhafter Wunsch, tage- und nächtelang über dessen Logbüchern und Karten sitzen zu dürfen, um in seinen Phantasien die dargestellten Gebiete durchreisen, die fehlenden Angaben ergänzen und die Mängel – waren es doch nur Erinnerungsblätter einzelner Seeleute – korrigieren zu können. Wie es aber anstellen, um dem Eigentümer dieser Schätze nicht lästig zu fallen? Da war es denn ein doppeltes Glück, daß Don Muniz eine Tochter hatte, deren Schönheit dem kühnen Entdecker trotz all seiner Vertiefung in die Karten nicht entgangen war. Christoforo war von hohem Wuchs, muskulös, klug und würdevoll, und als er der Donna Felipe sein Herz entdeckte, konnte er das ihre schnell in Besitz nehmen. Don Muniz mußte ja und amen sagen, und er schenkte seinem Schwiegersohn die Seekarten. Kolumbus kopierte und verbesserte sie durch Küstenaufnahmen, verkaufte die Kopien, bestritt damit die Bedürfnisse seines Haushaltes und konnte abends, über den Originalen sitzend, von der Auffindung eines Seeweges nach den fabelhaften Ländern träumen.

»Einen Liebesroman nennen Sie das? Ich nenne es Mitgiftjägerei.«

Wie Sie es auch bezeichnen mögen, verehrter Herr Kollege, jedenfalls ist Kolumbus mit Felipe glücklich gewesen und ihr treu geblieben.

»Treu geblieben! Daß ich nicht lache! Wissen Sie nichts von seinem Verhältnis mit Beatrix Enriquez aus Cordoba, wissen Sie nichts . . .«

Es ziemt uns nicht, Herr Kollege, großen Männern, Bereicherern der Menschheit, die bürgerliche Forderung zu präsentieren. In Rede stand doch nur, daß Kolumbus die Pläne kannte, daß er ihrer bedurfte.

»Sagen Sie, was Sie wollen, seine Route, sein Ziel waren doch nicht eingezeichnet, und selbst für die bereits bekannten Gewässer hatte er keine solchen Karten, wie sie mit allen Schikanen der neuzeitlichen Technik und mit tausend Eintragungen hier konstruiert werden. Schauen Sie sich einmal diese Mappen an, die uns eben aus dem Antiquitätenkasten des Institutes gereicht werden. Karl V. hat sie seinem Sohn Philipp zum Geschenk gemacht. Wo sind da Meerestiefen und Windtriften, wo sind da Treibeisgrenzen und Bojen, wo sind da Meeresströmungen und Äquatorialströme eingezeichnet, he? Künstlerisch ausgestattet sind sie, einen verschwenderischen Reichtum an ornamentalen und figuralen Zierleisten haben sie – sie gefallen mir besser als Ihre heutigen, und haben denselben Zweck erfüllt. Und erst die Phönizier und Ägypter? Landkarten sind uns von ihnen erhalten, aber Seekarten keineswegs. Die ältesten und bekannten maritimen Blätter sind die des Marino Sanuto und des Pedro Vesconte aus dem Anfang des vierzehnten Jahrhunderts; sie werden wohl noch bedeutend weniger Angaben enthalten als hier die Caroli V. Sie können aber nicht bestreiten, daß die Ägypter, die Phönizier und Venetianer höchst respektable Marinen besessen haben!«

»Stimmt, stimmt, mein Herr! Ich sehe schon, daß ich Ihnen viel zu viel Kenntnisse auf dem Gebiete der Marinegeographie und Marinegeschichte gewährt habe. Aber zum Glück verstehen Sie von Schiffsbaukunde nicht das geringste, mein Herr!«

»Wie wollen Sie das beurteilen?«

»Haben Sie nicht das Wort ›gesegelt‹ früher unterstrichen, Herr? Gewiß ist die Takelage eine schwierige Materie, und gefährlich dazu – und gegen sie ist wirklich die Vervollkommnung der Seekarte kein Präservativ, sie wird freilich durch Schiffskarten nicht leichter und ungefährlicher. Was hat denn auch solch ein Segler für einen Tiefgang? Wenn er ein großer Kutter ist, einen Meter, höchstens anderthalb Meter. Der sieht das Riff unter dem Meeresspiegel, auf das er auffahren könnte, an der helleren Färbung des Wassers schon von weitem, und kann gemächlich davon abhalten. Heute vermöchte nicht einmal Lynceus, ›Scharfsichtiger Lynceus, der bei Tag und Nacht – Das heilige Schiff durch Klipp' und Strand gebracht‹, einen modernen Luxusdampfer oder einen Panzerkreuzer, der dreißig Meilen in der Stunde läuft – das ist Schnellzugsgeschwindigkeit, mein Lieber! – ohne Karte zu navigieren. Versuchen Sie es einmal, mit einem Schiff von zwanzig Millionen Kilogramm Gewicht und einem Tiefgang von vierzehn Metern in der letzten Minute einer Untiefe auszuweichen! Legen Sie einmal ein Kabel oder fischen Sie eines, wenn Sie nicht einmal wissen, wie tief das Meer auf der Strecke ist! Machen Sie einmal ohne Karte mit Tiefenangaben eine U-Bootreise in feindliche Gewässer! Laufen Sie nächtlich in einen Hafen ein, wenn Sie keinen Hafenplan und kein Segelhandbuch besitzen! Suchen Sie sich um Mitternacht ohne Leuchtfeuerverzeichnis im Riffgebiete zu orientieren! Machen Sie mit einer Schlachtschiffflottille ohne Seekarten einen Raid in die Otrantostraße – die Marineverwaltung wird Ihnen gewiß für Ihr Experiment gern ein paar Dreadnoughts zur Verfügung stellen. Schauen Sie sich doch, bevor Sie reden, die ältesten gestochenen Karten an, zum Beispiel die ›Hydrographie Française‹ von 1737 oder die des ›I. R. Instituto Geografico di Milano‹! Was fällt Ihnen an all den alten Blättern aus der Kindheit der Meereskunde auf? Die Ausführlichkeit des

Textes, die große Zahl der Legenden und die eingezeichneten Silhouetten der Häuser und Felsen an der Küste, nicht wahr? Trotzdem diese Karten schon von ziemlicher Genauigkeit waren, genügte eben die rein graphische Darstellung für die Navigierung großer und schneller Schiffe nicht mehr, und man mußte noch verbale Angaben über Leuchtfeuer, Vorschriften, Küstenpostämter und dergleichen einführen. Heute hätte nicht ein Tausendstel der notwendigen Angaben auf den Kartenrändern Platz!«

»Aha! Und doch kann man navigieren! Sehen Sie!«

»Sie Ignorant, Sie! Weil eben alle diese Angaben heute in nautischen Hilfsbüchern stehen, als da sind: Kundmachungen für Seefahrer, Notices to the mariners, Avvisi ai naviganti, Segelhandbücher, Leuchtfeuerverzeichnisse, Atlanten, Vedutenalben, Signalbücher, Schiffslisten und Instruktionen, periodische und unperiodische Druckschriften aller Art . . .«

»Meinetwegen! Aber sind deshalb die Schiffsunfälle . . .«

»Halten Sie's Maul, wenn Sie nichts verstehen!«

Heringsfang

Nirgends ist man so rückständig in der Technik des Fischfangs wie an der pommerschen Küste, und am allerrückständigsten sind die Leute von Rügen. Seit dem Mittelalter wird das Gewerbe auf gleiche Art ausgeübt. Nicht einmal Dampfer verwenden sie. Angeblich können in diesen Ostseewinkeln, da das Meer zu seicht, der Boden zu steinig ist, keine Dampfschiffe fahren. Mag sein! Warum aber haben sie keine Motorboote, die ihren aufreibenden Kampf mit der Flut mildern würden, warum benützen sie kein einziges der modernen Fanggeräte, das ihre Einnahmen erhöhen würde?

Inselbewohner sind immer konservativ. Doch unten im zackigen Südosten Rügens, auf der Halbinsel der Insel, lebt das in sich geschlossenste Volk. Im Juli, im August sind Sommergäste da, aber die Leute auf Mönchgut lassen sich von ihnen kaum stören. Sie bebauen ihre kleinen Äcker, sie weiden ihr Vieh, sie bessern ihre Boote aus und mähen das Gras. Nur die Jungen wollen zeigen, daß sie keine Hinterwäldler sind und daß sie mit dem Fortschritt gehen: Sie haben die altvorzeitliche Mönchguter Volkstracht abgelegt und tragen jetzt – wenigstens am Sonntag – lange städtische Hosen, ein Trikothemd und einen neuen Strohhut aus einem Greifswalder Geschäft. Zeitig morgens an den Wochentagen, so gegen drei Uhr, fahren die Fischer hinaus zu ihren Fangkörben: auf die Heringsjagd. Etwa zwölf Männer eines Dorfes bilden eine Reusenkompanie, eine behördlich eingetragene Genossenschaft. Die Mitgliedschaft vererbt sich vom Ahnen auf den Enkel, nur wenn einer der Genossen ohne Erben stirbt, kann man sich einen Anteil kaufen. Jeder der zwölf hat sein Ruderboot mit Namen und Ortsbezeichnung, gemeinsames Eigentum aber sind die zwei großen Segellogger, in denen die

Jagdbeute zum Verkauf nach Greifswald, Lauterbach oder Stralsund gebracht wird. Vom Erlös jeder dieser Verkaufsfahrten werden drei Mark für die Kassa zurückbehalten: das ist der Fonds, der zur Instandhaltung der beiden Segler und zur allfälligen Anschaffung eines neuen dient. Gemeinschaftsbesitz sind auch die Reusen, die oft einen Wert von mehr als zehntausend Mark repräsentieren. An den Winterabenden knüpfen die Fischer und ihre Frauen und Kinder neue Netze und bessern die alten aus. Im Frühjahr sind die Vorarbeiten beendet, das Strickwerk fertiggestellt, Buchenstämme im Granitzer Forst gefällt und nun im Meer verankert; die senkrechte Netzwand wird zwischen diesen Pfählen ausgespreizt, und am Ende dieser kilometerlangen Hürde in großem Polygon die eigentliche Reuse gelegt, eine Falle, deren Basis von platten Steinen auf dem Meeresgrunde festgehalten wird, während große Korke die Seitenwände bis zur Oberfläche straff spannen. Jetzt müssen nur noch die Heringe kommen: das Wehr aus Netzwerk versperrt ihnen den Weg, und sie schwimmen daher die geknüpften Fäden entlang. Wir sind schlau, denken sie, wir gehen euch Menschen nicht ins Netz! Und die Menge bewegt sich im Flankenmarsch, bis die Bahn frei ist. Nun machen die Heringe die Wendung in die ursprüngliche Richtung ihres Zuges. Doch sie können nicht weiter. Das, was sie für das Ende des Hindernisses gehalten haben, ist die Einkehle des riesigen Sackes, aus dem es kein Entrinnen gibt: die enge Trichtermündung, durch die sie hereingeraten sind, finden sie nimmermehr, und auch durch die Maschen kann man nicht entschlüpfen.

Mit einem Reusenball feiert man im Gasthof des Orts die beendete Vorarbeit; Tanz, Musik, Speisen und Getränke sind unentgeltlich, – alle Kosten tragen die armen Heringe, die verzweifelt in der Umschlingung zappeln, während man es sich hier wohlergehen läßt.

An jedem zweiten Tag wird nun, vom Hochsommer bis

zum Beginn der Laichzeit, die Reuse hochgezogen und ausgenommen.

Vor drei Uhr morgens geht ein Mitglied der Kompanie von Haus zu Haus, seine Genossen wecken. Wenige Minuten später stapft ein Dutzend Männer durch das Dorf. Über der Schulter tragen sie ihre Wasserstiefel, eine Hose aus Dreileinen von übermäßiger Breite und ein Netz, in dem sie einen kleinen Teil der Beute für den eigenen Mittagstisch heimbringen. Auf Grashalme, Ähren und Zweige sind Perlenschnüre gelegt. Kein Huhn gackert noch, kein Karren rattert über den Weg, der Sand ist weiß und weich, dämpft die Schritte bis zur Lautlosigkeit. Alles scheint den Frieden einer Landschaft Claude Lorrains zu atmen. Aber über die Felsenränder der Landzunge brüllt ein einziger, endloser Schrei: es ist das Meer, das sich in Erinnerung ruft. Wir gehen durch das Paradies, und schon meldet sich die Sintflut.

Der Ralliierungsplatz am Strand ist leicht erkennbar: Hunderte von morschen Buchenstämmen (alte Reusenpfähle) sind hier aufgeschichtet, ein Signalmast, ein langer, grobgezimmerter Tisch mit zwei Bänken steht daneben, die bauchigen Ruderboote liegen an erhöhter Stelle und hinter eingerammten Pflöcken.

In Schießbuden gibt es einen Zelluloidballon, den ein Wasserstrahl in die Höhe treibt: so balanciert jetzt die Sonne über den Wellenbergen. Tropfen wirbeln über die Düne. Manche Woge züngelt ins Land. Alpengipfel und Gletscherspalten entstehen vor unseren Augen, und vor unseren Augen zerspellen sie tausendfach. Eine Minute lang, zwei, schauen die Fischer auf die Unendlichkeit der Unruhe. Vorgestern sind sie nicht ausgefahren, weil es zu stürmisch war. Nach knappem Hin und Wider sind sie einig, daß man heute fahren kann.

Sie setzen sich auf die Bänke, ziehen die leinenen Pluderhosen an und zerren die schweren Wasserstiefel, die sie bislang auf der Schulter trugen, über ihre Schuhe, über die Oberschenkel, bis zum Schritt. Eine Pulle Branntwein macht die Runde und ist rasch geleert.

Alle zwölf heben gemeinsam eine der Jollen und tragen sie hart an den Wasserrand, dann die zweite und die dritte. Je vier Mann stoßen ihr Boot vom Ufer in die See, und während es schaukelt, laufen sie ihm nach, bis zur Hüfte im Wasser, schwingen sich über die Brüstung und setzen Ruder ein. Die Wellen sind stärker – sie haben sich des Spielzeugs bemächtigt und werfen es einander in hohem Bogen zu. Wie große Straßenjungen, die den kleinen ihren Ball wegnehmen.

Die Pfahlanlage der Reusen ist sichtbar, doch kommen wir nicht näher, so angestrengt die Riemen auch arbeiten. Weit vom Ziele ab drängen uns die Wellen, und wir haben nichts als den Trost, daß ein anderes der drei Boote noch viele hundert Meter mehr von der Fahrtrichtung abgetrieben wurde. Die Fischerfäuste halten die Ruder umklammert und dreschen das Wasser, Hiebe rechts, Hiebe links, immer wieder zerren und entreißen sie es den Wogen, bis wir endlich an der geflochtenen Mauer sind. Wir fahren sie entlang, so wie sie der Heringsschwarm entlang geschwommen war, als er seinen Weg versperrt sah durch dieses Hindernis. Auch wir kommen dann zur Falle. An einem der elf Pflöcke, die in einer Distanz von etwa fünf Metern voneinander stehen, halten wir den Kahn mit den Händen fest und warten auf die anderen Fahrzeuge. Eines schiebt sich an die trichterförmige Öffnung, rudert langsam ein, die Bemannung schließt sie hinter sich und packt den Obersimm, den oberen Rand des Netzes. Inzwischen sind die beiden anderen Jollen rechts und links aufgefahren, und ihre acht Leute ziehen, weit über den Rand des taumelnden Schiffchens gebeugt, die Riesensteine herauf, die den Boden des Käfigs auf dem Meeresgrund festhielten. Man lockert die Spannung der Netzwände, so daß das mittlere Boot immer tiefer in den Bereich der Reuse dringen kann.

Zum Schluß berühren sich die Spitzen unserer Fahrzeuge, ein gleichseitiges Dreieck bildend. Von vierundzwanzig Händen wird das Netz emporgezogen. Feine, dreieckige Maschen werden sichtbar. Die Erwartung steigert sich: wie groß wird die Beute sein?

Kleine Flundern springen empor, dann kleine Heringe, und bald wirbelt ein Heer von fliegenden Fischen durch die Luft. Sie können nicht weiter flattern als über den Bootsrand, mitten in die Jollen. Die meisten stürzen wieder in das Netz zurück. Das wird gegen einen der Kähne geneigt, und Hunderte von Fischen fallen an Bord. Ein paarmal strampeln sie noch mit den Flossen, blaugrünes Konfetti und mattsilberner Flitter stäubt auf, dann schlagen sie noch etlichemal mit der Schwanzflosse auf den Schiffsboden und bleiben resigniert liegen.

Das Netz wird wieder hinuntergelassen und festgeknüpft. Die Fahrt geht zur nächsten Reuse.

Die Kähne biegen sich unter der Last der glitzernden Haufen. Dreißig Wall beträgt die Beute, das sind zweitausendvierhundert Heringe. Ein Aal ist auch dabei. Etwa vier Mark für jedes Wall – kein schlechter Fischzug heute! Freilich: es hat schon Tage gegeben, an denen man siebenhundert Wall bootete, Tage, an denen sich ein Lachs von anderthalb Meter Länge und achtundfünfzig Pfund Schwere in die Gesellschaft der Heringe gedrängt hatte. Aber oft mußte man mit leeren Händen heimkehren.

Einige Heringsbabys sind gleichfalls ins Garn gegangen. Sollen sie ihren Unverstand mit dem kaum begonnenen Leben büßen? Nein, die Männer werfen sie wieder ins Meer, darin sie wohlig schaukeln, wie in einer Wiege. Wissen doch die Fischersleute, daß die heute Freigelassenen einst größer wiederkehren werden. Auch Heringe werden durch Erfahrung nicht klug.

Es geht dem Lande zu. Noch ärger schwankt das beladene

Schiff, noch höher wird es auf den Kamm der Wellenberge geschleudert, noch tiefer in wäßrige Abgründe gezogen, noch heftiger gerüttelt und geschüttelt als auf der Hinfahrt. Will das Meer seine Bewohner zurück? Die Schiffer, so abgehärtet und so gewöhnt sie an solche Revolution von Wind und Wasser sind, fluchen die saftigsten plattdeutschen Flüche. Ihre Gesichter sind verzerrt, ihre Muskeln gespannt, Ruder und Steuer begegnen dem Aufstand. Nach Stunden steigen sie als Sieger schweißgebadet und müde ans Ufer.

Auf dem Mast wird ein Ballon aufgezogen. Das ist ein Signal und meldet: »Großer Fang.« Die Fischerfrauen im Dorf, die längst nach diesem Zeichen ausschauten, laufen herbei. Sie booten die Heringe aus und breiten sie, sie zählend und ordnend, auf die Düne. Rechts die großen, links die kleinen und in die Mitte jene, deren Jungfräulichkeit man gleich erkennt: die Matjesheringe. Alles wird in Säcke gefüllt. Der Aal und die übrigen Fische, die nicht dem Geschlechte der Heringe entstammen, werden einem Gastwirt verkauft. Überdies behält jede Fischerfrau fünf Heringe, mit denen sie heute ein Whitebait-dinner zubereiten kann, wenn sie es nicht vorzieht, ihren Anteil zu veräußern.

Weiberarbeit! Die Männer haben inzwischen die zweite Flasche Korn ausgetrunken und sind ins Dorf gegangen, um zu schlafen. Nur drei von ihnen spannen auf dem Zweimaster die Segel und fahren mit der Beute nach Lauterbach auf den Markt.

Fahrt unter Wasser

»Tauchbereit!«

Auf dieses Aviso fliegen brennende Zigarettenreste ins Meer, Matrosen springen, die Maschinenluke hinter sich schließend, in das Innere der Okarina, auf ihre Tauchstationen. Der Kommandant schwingt sich in den Turm und klappt den Deckel über sich zu. Dieselmotoren, die bislang den Propeller drehten, hören zu arbeiten auf; zur Verbrennung ihres Blauöls ist Luft nötig, und die brauchen wir jetzt selbst. Unter Wasser ist der Betrieb elektrisch, eine Akkumulatorenbatterie von sechzig Zellen liefert den Strom, der die beiden Elektromotoren von je hundert Pferdekräften bewegt.

Stimme vom Kommandoturm: »Alles dicht?«

Pater profundus (tiefe Region): »Alles dicht! Boot tauchbereit.«

Stimme vom Kommandoturm: »Fluten!«

Flutventile und Entlüftungsventile der Tauchtanks öffnen sich. Meerwasser ist der Ballast, der jetzt in die Tanks strömt. Luft, die bislang Trockenwohnerin war, verläßt – vor Wut über die Delogierung zischend und pfeifend – das Quartier. Wir sinken. Durch die kleinen Seitenlichter des Turmes, Rundfenster dicksten Glases, kann man es feststellen. Das Wasser reicht bis zur Hälfte der Fensterhöhe. Sonnenstrahlen wirbeln darin. Dann steigt das Wasser noch höher, und draußen wird es ganz blau. Weiter fällt das Boot. Siebeneinhalb Meter sind wir unter dem Meeresspiegel, also in Schwebelage. (Gewicht des Bootes gleich Auftrieb.) Jetzt kann man fahren. Die E-Motoren werden angesetzt, das Tiefensteuer abwärts bewegt. Das Boot nimmt eine Buglast von zehn Grad an. Das Tiefenmanometer beginnt zu spielen, zeigt an, daß wir nach unten gehen. Ausrufe des Tiefensteuermannes: »Neun Meter, zehn Meter, elf Meter!«

Dies ist die Auslugtiefe. Das Periskop ist sechs Meter lang und das Boot hat eine Höhe von fünf Metern. Man kann es also noch nach dem Sehrohr dirigieren.

Der Tiefensteuermann meldet, daß das Boot zu schwer ist. Der Pater profundus in der tiefen Region, den die Unterseebootsleute »zweiter Offizier« nennen, gibt das Kommando: »Reglertank lenzen!« Befehl ist Befehl; nicht nur das, er muß sogar befolgt werden. Also, der Reglertank, in der Mitte des Bootes, wird mit der Lenzpumpe von Wasser befreit, »ausgepumpt« sagt der Laie, »gelenzt« sagt der Fachmann.

Aha! Das Boot kommt wieder in die richtige Trimm und kann in der anbefohlenen Richtung weiterfahren. Wir wissen nicht, welches diese Richtung ist, wir merken überhaupt nicht, daß wir fahren, wir wissen nicht, wie tief wir sind, und ob etwa der Gegner schon in der Nähe ist. Wir sind einfach in einen grausam engen Maschinenraum eingepfercht und sind ölig und schmutzig. Alles andere weiß nur der Herr oben, der unser Schicksal lenkt.

Der Herr oben, der unser Schicksal lenkt, balanciert mit gespreizten Beinen über der (nach innen) offenen Turmluke, beide Arme hat er ausgebreitet, in den Händen hält er die Griffstücke des Sehrohrs und, dieses drehend, dreht er sich mit. Manchmal ganz langsam nach rechts, dann mit einem jähen Sprung nach links und wieder mit einem Sprung nach rechts. Dabei sind seine Augen in die Stange festgebohrt, und er ruft dem Steuermann Kommandos zu, Kurs des Bootes, einzuhaltende Tiefe, Fahrtgeschwindigkeit. Seltsam: in einer hermetisch abgeschlossenen, tief ins Meer versenkten Kammer starrt er in die Löcher einer Stange und sieht! Sieht eigene Schiffe, denen auszuweichen ist, und plötzlich – ein feindliches, das anzugehen ist.

»Apparat eins und zwei klar!«

In dem druckfesten Körper ist alles in Bewegung. Jeder Mann an seiner Gefechtsstation. Man kann den Händen der Torpedisten die kommenden Griffe schon im voraus ansehen.

Gedanken aller: wenn unser Boot einen Schuß bekommt, der auch nur die Apparatur beschädigt – wir bleiben gleich hier in unserem Sarg.

Ohne verwundet zu sein, ohne krank zu sein, bei klarem Bewußtsein, ohne die Gesellschaft zu verlassen, in der wir sind, werden wir lebendig begraben. Sehen die Welt nicht mehr und werden von der Welt nicht gesehen.

Wenn wir aber schießen, dann sterben drüben junge Menschen.

Das Herz klopft, Flüche verstummen, der Humor ist vergangen. Ein Passagier ist gekommen, noch unhörbar und unsichtbar, aber er frißt von unserer uns zugemessenen Luft: der Tod.

»Druck nach vorn!« – »Mündungsklappe öffnen!« – »Torpedo eins fertig!« – »Torpedo zwei fertig!«

Aviso vom Auslug: »Achtung!« Die Elektromotoren arbeiten mit äußerster Kraft voraus. Auch die Nerven haben Höchstspannung erreicht. Man sieht nichts, weiß nichts. Nur der Kommandant sieht etwas, weiß etwas. Und jetzt – jetzt sieht auch er nichts mehr: mit dem letzten Blick nach dem Gegner zieht er das Periskop ein, auf daß es uns nicht verrate. Wir sind blind.

Der Kommandant berechnet die Vorhaltewinkel für die Lancierung gegen das fahrende Schiff. Noch einmal wird das Sehrohr ausgeholt und in den Lancierkurs gewendet. Kommandant: »Backbord zehn!« Der Steuermann ruft von zehn zu zehn Grad den Kurs aus. »Hundert! Neunzig! Achtzig!« Befehl: »Entgegen! Sofort!« Steuermann: »Siebzig!«

In diesem Kurs fährt das Boot, seine furchtbare Waffe gelockert, und muß bald in der Peilung sein.

»Torpedo eins: los!« Der Kommandant drückt auf einen Taster. Die Abfeuerung ist ausgelöst. Ein dumpfes Geräusch erfüllt das Boot, es ist die Druckluft, die aus dem Lancierungsapparat hinausgestoßen wird.

»Steuerbord zehn!« (Es wird dem Feinde nachgewendet.) »Torpedo zwei: los!«

Das Boot ist um zwei schwere Torpedos leichter. Es würde infolge dieses Gewichtsverlustes zu stark emporspringen. Deshalb legen wir das Tiefensteuer abwärts. Unser Fahrzeug nimmt eine Buglast von zehn Grad an. Man wendet alle Mittel an, es zu beruhigen. Gleichzeitig ruft der Türmer, schon wieder mit den Augen an das Periskop festgeschraubt: »Torpedo zwei läuft gut, Torpedo eins zu weit rechts!«

Einstweilen werden die Mündungsklappen der beiden Lancierrohre für die Einführung der nächsten beiden Torpedos geschlossen.

»Torpedo zwei: Treffer!« ruft der Herr am Rohre.

Es wird abgewendet. Das lancierte Schiff dampft ab – wie weit es kommen mag? Man wird es schon erfahren.

Nach unten kommt der Befehl zum »Auftauchen! Alles blasen!« Das Tiefensteuer wird aufwärts gestellt, das Boot nimmt Hecklast an, die Tiefenmanometer spielen rascher und zeigen kleinere Tiefen, da die Skala vier Meter angibt, bleiben sie stehen. Jetzt ist unser Vehikel wieder schön horizontal gelagert, durch die Seitenluken konstatiert man froh, daß die Sonne die dünne Wasserschicht bereits durchdringen kann, und dann sieht man die Oberfläche des Meeres, so gut, wie sie bisher nur der Kommandant auf indirektem Wege sah. Tageslicht! Tageslicht!

Gestoppt werden die Maschinen. »Alles lenzen!« Der letzte Rest Wasser wird aus den Tanks herausgepumpt, die Turmluke wird geöffnet. Blauer Himmel, frische Luft, der Todesgefahr entgangen. Hörbar ist das Aufatmen. Kommandant und Steuermann klettern auf Deck, aus den anderen

Luken springt die Mannschaft – alle bereits mit der brennenden Zigarette im Munde. Spucken ins Meer, fluchen sich frei und paffen. Auch das Meer an den Bordwänden qualmt vergnüglich: in milchigen Schwaden quirlt das Wasser aus den Tanks hervor, die noch gelenzt werden.

Die Oberwassermaschine wird klar gemacht, aus dem Innenboot werden Meldungen herausgerufen. »Alles lenz!«, das heißt, daß alle Tanks leergepumpt sind, »alles dicht!«, das heißt, daß alle Ventile geschlossen sind, und »beide Maschinen klar!«, das heißt ungefähr, daß beide Maschinen klar sind.

Nachtleben auf dem Polesaner Kai

Der Matrose im Krähennest, westwärts schauend, sieht, daß nun auch der Scheitelpunkt des roten Kreises im Meer versinkt. Auf Deck wird der Flaggensalut abgefeuert, und es scheint, als ob er hundertfaches Echo wecken würde, aber es ist nicht das Echo, sondern der Schall des Abendschusses auf den andern Schiffen, je nach der Entfernung ans Ohr dringend. Von jedem Deck tönt der Generalmarsch, und überall schwebt die Flagge vom Top hinab. Zapfenstreich.

Auch die Wellen treten Nachtruhe an. Im leichten Nebel sehen die Schiffe wie zackige Kristallisationen in einem Smaragd unendlicher Größe aus. An manchen Stellen fluoresziert das Wasser vom Öl, das darauf schwimmt. Das runde Licht der Luken verschwindet, und selbst der Bildrahmen, der eben noch blitzte und funkelte: Es verlöschen die Laternen der Stadt, die Rolläden ihrer Fenster schließen sich.

Vom Wellenbrecher springt der Strahl des Scheinwerfers in den Himmel, um von dort steif und langsam aufs Wasser zu fallen. Dann ist wieder Nebel und Nacht.

Doch hinter der Finsternis der Häuser ist Hafenleben. Im Marinekasino sitzen die Stabspersonen, denen das Geschick heute Dienst oder Corvé erspart hat. Sie lesen im Café Zeitungen, spielen Billard oder Bridge, hören das Konzert oder blättern in den illustrierten Zeitschriften der Bibliothek. Im großen Saal trinken sie Wein oder Sekt und erzählen; Tische sind Standesgruppen, Ingenieure sind gewöhnlich beisammen, Kommissäre sind gewöhnlich beisammen, am Admiralstisch darf kein Eleve sitzen, und am Betriebsleitertisch hat der Stabsarzt nichts verloren. Flieger, Torpedisten, Mineure, Dreadnoughtmen haben je ihre Marmorplatte und ihre Interessensphäre, und weil die Tische klein sind, so teilt man sich zumeist nach Jahrgängen. Aber manchmal wird vom Tisch der Höheren leutselig den Niederen ein Brocken hingeworfen, eine Frotzelei, ein ärarischer Witz, eine Nachricht, man markiert, daß man zusammengehört, ob nun das Elliotsauge oder bloß die blauen Streifen die Uniform zieren. Alle haben längst nur noch eine Heimat auf dem Festland, das Marinekasino. Es ist der ruhende Pol im ewigen Wechsel der Erscheinungen. Wenn die Nachricht kommt, daß der Ferdl zwei Franzosen »abg'schossen« oder der Lohmaier ein Schlachtschiff torpediert hat, so geht man ins Kasino, um zu hören, wie's war, und es ist zu wetten, daß Ferdl und Lohmaier im Momente der Lancierung daran dachten, wie sie das morgen abend im Kasino recht farbig schildern werden. Auch in England, dem klassischen Land der Klubs, war ein Seemannsklub, der Vater aller übrigen: der Mermaid-Club in der Londoner Fryday-Street, der schon zu Zeiten der Königin Anna vom most honourable Sir Walter Raleigh gegründet wurde.

Die k. u. k. Marineoffiziere sitzen im Kasino von Pola. Sie interessieren sich nicht für diese von Dante schwermütig besungene Stadt, die in ihrem Aufbau – amphitheatralisch entlang der runden Bucht angeordnet, voll von antiken Altertümern und reich an märchenhaften Inseln und Grotten in ihrer Umgebung – frappant an Neapel erinnert. Sie wissen nichts von den gigantischen Torsi römischer Cäsarenstatuen und den feingeschnittenen Gemmen im Museo Civico; sie schauen niemals die hundertjährigen Globen, die der Stolz des Seekartendepots sind; nie streicheln sie die Steine in der Nekropolis von Nesactium und kraxeln nicht auf den Galerien des Amphitheaters umher; entdecken keine Details auf der Porta aurea, die einst Michelangelo begeisterte; sie wandern nicht in den seltsamen Garten des Hydrographischen Amtes, in dessen Beeten Thermometer statt Blumen, Kohärer statt Wurzeln, Antennenmaste statt Bäume, Verdunstungsapparate statt Sträucher wachsen, und deren lauschige Pavillons Seismographen beherbergen; sie streifen niemals durch das Arsenal und kennen die grünen Giftküchen der Unterwasserfarben nicht; sie geraten in Verlegenheit, wenn sie jemand fragt, wo im Motorendepot des Fliegerarsenals die Schwimmgehäuse und wo das Schrot der Kugellager liegt; niemals haben sie sich im Taucheranzug auf den Meeresgrund hinabgelassen. Diese Stadt der pittoresken Exotik ist ihnen etwas Alltägliches, und sie sehnen sich ins Heim, in ihre vier Mauern. Und diese vier Mauern sind das Marinekasino.

Die Matrosen, die die kostbare Bewilligung zum Landgang im Bordhemd geborgen haben, machen den Polesanerinnen den Hof. Der eine sitzt mit seiner »Mula« im unendlichen Rondeau des augusteischen Amphitheaters, dessen Mauerwerk vor Wind und Patrouillen schützt. Der andere führt sein Liebchen zwischen den weiten Palmen und dicht aneinandergereihten Oliven, Pinien, Zypressen und Maulbeerbäumen des Monte Zaro an den Resten jener kostbar labyrinthischen Stollen vorbei, aus denen die venetianischen Glasbläser Saldame-Erde förderten. Die dritten aber mißachten die vom Altertum und Mittelalter geheiligten Stätten und ziehen die Lokalitäten der Neuzeit vor, die Trattorien, Osterien und Birrerien an der Riva oder die dreistöckigen Bordelle der Via Castropola, die hoch oben über der Stadt das Kastell umschließt.

Das Hafenleben hat seine Sperrstunde. Die »letzte Blaue« droht hier ärger als in Wien. Weh dem, der sie versäumt! Zu Fuß kann man vom Hafen nicht aufs Schiff gehen, selbst wenn es nur zweihundert Schritte weit vom Molo vor Anker läge.

Glock elf wird es lebhaft auf dem Kai, das ist so die Zeit, da die letzten Boote und Barkassen zu den Schlachtschiffen und Kreuzern, die letzten Tender zu den Hulks und entfernten

Hafenpartien abstoßen. Man sieht sie am Molo vertäut oder durch das Wasser fahren. Die Positionslichter geben die Richtung an: vorn ein weißes, backbords ein rotes, steuerbords ein grünes und auf dem Heck ein gedämpftes weißes Licht; die Spiegelung ihres Scheines setzt sich in unregelmäßig gezackten Linien nach unten zu fort, Mannschaft springt auf den Vorderteil des Fahrzeugs, Offiziere sitzen achtern. Nicht leicht ist es, das eigene Boot in Gewirr und Dunkelheit so schnell zu finden. »Erzherzogin Anna« ruft ein Matrose, der sich im Puff zu lange aufgehalten bat, »Erzherzogin Anna«, schreit er in Angst, daß er schon zu spät kommt, – »Salome«, ein zweiter, – »Admiral Sterneck«, ein dritter, – es klingt, als ob Camelots im Bois de Boulogne eindringlich die Titel ihrer Zeitungen ausrufen würden. Wohl dem, dem auf seinen Klageruf nach »Salome« noch die Antwort des Corvématrosen wird: »Salome? Hier!«

Das Boot stößt ab, ohne Abfahrtssignal, es kehrt nicht um, und liefen auch noch fünfzig Passagiere herbei. Manchmal gelingt noch ein Weitsprung von der Kaimauer aufs Deck, in einen Menschenknäuel, der flucht und lacht.

Armer Matrose, der du unter stillem Dampf aus der Trattoria herankommst, um eine Sekunde zu spät, und den Sprung nicht wagen kannst, weil du spürst, daß du schon eine Schlagseite hast! Wie versteinert starrst du dem höhnisch wedelnden Silberschwanz deines davonsprengenden Reittieres nach. Einen Augenblick denkst du, da doch schon alles verloren ist, den Kurs zu verkehren und jenen gastlichen Hafen wieder anzulaufen, in dem du vor kurzem mit Aufbietung deiner ganzen männlichen Energie Anker gelichtet hast; aber dann fällt dir ein, welche Strafen deiner warten. So gehst du den Weg der Buße: zum Hafenwachtschiff, wo du dich beim Inspektionsoffizier als »Mankanter« meldest. Der notiert die Zeit, und du kannst dich in einem Winkel einrollen und purren bis morgen früh, bis du in deine schwimmende Heimat kommst, vom Inspektionsprofos bereits dazu ausersehen, als linke Flügelcharge den Rapport zu zieren.

Die Motorboote und Dampfbarkassen, die Dampfboote und Motorbarkassen sind abgestoßen, und die schwarze Ebene wird von phosphoreszierenden Streifen zerschnitten, der Bugwelle. Es ist eine Kunst zu lenken, an den Schwimmdocks und Scoglien und Bojen und an den vielen Booten (links vorfahren, rechts ausweichen!) vorbei, geradewegs ans Fallreep oder an das Landungsfloß. Nicht immer kommt das Boot genau an, man muß sich oft auf die Reling stellen und im Dunkel auf den Rand der wackligen Zattera springen, – Komfort, Geländer oder dergleichen gibt es nicht, wir sind in der Seemannswelt, und jeder kann schwimmen. Übrigens ist mit der ersten Station die Fahrt noch nicht für alle zu Ende, – mancher muß noch umsteigen, denn die kleineren Schiffe können keine Motorboote zum Abholen schicken, und wegen eines oder zweier Bummler unter Riemen bis zum Molo und wieder zum Schiff zu fahren, wäre für die Rojgasten zu mühevolle Arbeit. So kommt das Ruderboot, unsicher wie ein Seelentränker, zum nächsten Halteplatz des Tenders und nimmt dort die Schiffskameraden auf. Man hört Ruderschläge, und dann wird es still.

An Bord spannt man die Hängematten auf und schläft ein, müde, erinnerungsselig und schnarchend.

Tote Matrosen stehen vor Gericht

Die öffentlichen Verhandlungen vor dem Seeamt sind gar so öffentlich nicht. Ein Hamburger Kollege, den ich danach fragte, wo das Seeamt sei, erklärte mir, er müsse sich in seiner Redaktion erkundigen; dann telephonierte er mir, es sei in der Seewarte. Das deckte sich mit der Aussage des inzwischen von mir interpellierten Hotelportiers, der seinerseits von einem Schutzmann erfahren hatte, es sei irgendwo in St. Pauli. Aber von der Seewarte wies man mich auf den gegenüberliegenden Hügel: ins Seemannsheim. Dort sind Matrosen, die sich anheuern lassen, und einer wußte, daß die Verhandlungen des Seeamts im Seemannsamt sind. Das ist wieder etwas anderes. Also zurück aus St. Pauli in die Admiralitätsstraße.

Im Seemannsamt hängen handgeschriebene, hektographierte, lithographierte und gedruckte Kundmachungen. Sie beziehen sich auf Strandgut, das geborgen und beim Strandamt abgegeben worden ist, Boote, Säcke, Balken, Anker, Schutenhaken, Benzinfässer, Pfähle. Auch die Kenntlichmachung unterschiedlicher Wracks und der angelegten Hebefahrzeuge ist angeschlagen, damit der Steuermann wisse, wie er bei Tag und bei Nacht auszuweichen habe. Und Todeserklärungen vermißter Matrosen . . . Wo die Verhandlungen des Seeamts sind, erfahre ich auch nicht gleich. Endlich weist mich ein Wachtmeister in den zweiten Stock. Auf dem Korridor warten drei oder vier Leute, und an der Tür des Zimmers, vor dem sie sitzen, ist angeschlagen, welche Verhandlungen heute sind. Ich trete ein, zum Erstaunen des Gerichtshofes, das sich zu Verdachtsmomenten erhöht, als ich anfange, mir Notizen zu machen. Aber die Verhandlung ist öffentlich.

Es handelt sich um den Tod des Matrosen Bendfeld vom

Dampfer »Scheer« der »Hugo Stinnes A.-G. für Seeschiffahrt und Überseehandel«. Dieses Schiff fuhr am 15. Mai 1924, von Ostasien kommend, im Tau des Schleppers »Geestemünde« in den Bremer Hafen ein, um den ihm zugewiesenen Liegeplatz einzunehmen. Hierbei hatte sich die Schlepptrosse an den Backbordanker festgehakt, und der dreiundzwanzigjährige Matrose Richard Bendfeld aus Benslow ging außenbords, die Trosse zu klaren. Dadurch, daß Bewegung in den Patentanker kam, schlugen die Flügel herum, und einer drückte den Kopf des Matrosen so heftig gegen die Bordwand, daß der Mann einen Blutsturz erlitt. Wenige Minuten später war er tot.

Zuerst wird der Kapitän vernommen. Er gibt die Personalien ab: Christian Georg Heinz Klaus Maria Höltring, achtunddreißig Jahre alt, und so weiter. Dann schwört er bei Gott dem Allmächtigen und Allwissenden, nichts als die Wahrheit, die reine, lautere Wahrheit zu sagen, nichts zu verschweigen und nichts hinzuzufügen, so wahr ihm Gott helfe. Der Direktor des Seeamts, der den Verhandlungsvorsitz führt, ein Herr in Frack und schwarzer Binde, neben dem die vier Beisitzer wie Schiffskapitäne aussehen und es auch sind, fragt den Zeugen:

»Haben Sie den Vorfall gesehen?«

»Nein, ich war auf der Brücke. Ich kam erst hinunter, als der Mann schon an Bord lag.«

»Wie lag der Anker?«

»Er hing etwas aus der Klüse.«

»Können Sie uns das aufzeichnen?«

Der Kapitän skizziert die Situation. »Bendfeld hatte sich rittlings auf den Anker gesetzt, und als dieser sich drehte, wurde er an die Bordwand geschlagen. So blieb er im Reitsitz auf dem Anker, als er schon Blut spie und vielleicht schon tot war. Man schlang ihm ein Tau um den Leib und zog ihn aufs Deck.«

»Wen trifft die Schuld Ihrer Ansicht nach?«

»Keinen. Wir waren acht Monate auf See gewesen, und Bendfeld war immer einer der arbeitswilligsten Matrosen. Niemand hat ihm Befehl gegeben, er war eben ein eifriger Seemann. Solche Leute findet man heutzutage selten. Schade um den Mann!«

Die Beisitzer nicken. Schade um den Mann! Acht Monate Fahrt, Gefahren, Ostasien, endlich im Hafen. Da dreht sich der Anker und schlägt ihn tot. Solche Leute findet man heutzutage selten.

Der zweite Offizier wird vereidigt. Wilhelm Hannes Matthias Eyben, achtundzwanzig Jahre alt. Er war zur Unfallszeit am Vordersteven und hat gesehen, daß das Schlepptau um den Anker verwickelt war. Aber er hat dem Bendfeld keinen Befehl gegeben, hinunterzuklettern.

Der Reichskommissar, ein alter Vizeadmiral, auch in Frack und schwarzer Binde, mischt sich in die Verhandlung: »Sie sollten eben sofort mit einer Stake das Seil lösen lassen. Ich will Ihnen das nur sagen, damit Sie nächstes Mal wissen, was Sie zu tun haben.«

Der Zimmermann Thias wird vernommen. Er gibt seine Personalien an: Heinrich Thias, zweiundzwanzig Jahre alt.

Vorsitzender (unterbrechend): »Haben Sie denn sonst keinen Taufnamen?«

Zeuge: »Jawohl, Heinrich Eduard Wilhelm Georg Otto Peter Annemarie Thias.«

Vorsitzender: »Sprechen Sie mir die Eidesformel nach: Ich schwöre . . .«

Zeuge: »Ich schwöre . . .«

Vorsitzender: ». . . bei Gott dem Allmächtigen . . .«

Zeuge: »Ich glaube nicht an Gott.«

Vorsitzender: »Dann lassen Sie ihn weg . . . daß ich nichts als die Wahrheit . . .«

Zeuge: ». . . daß ich nichts als die Wahrheit . . .«

Aber auch er kann nicht aussagen, ob Bendfeld den Befehl bekommen habe, außenbords zu steigen.

Nachdem der Schiffsarzt angegeben, daß Bruch der Schädelbasis den Tod herbeigeführt habe, zieht sich der Gerichtshof zur Beratung zurück. Nach fünf Minuten verkündet der Vorsitzende: »Der Matrose Richard Bendfeld ist am 15. Mai 1924 im Hafen von Bremen auf dem Dampfer ›Scheer‹ dadurch tödlich verunglückt, daß er mit dem Kopf zwischen Ankerflügel und Bordwand gequetscht wurde. Es trifft niemand ein Verschulden an dem Vorfall.«

Man geht ohne Pause in die nächste Verhandlung ein. Der am 14. Januar 1906 in Finkenwärder geborene Karl Meier, Matrose auf dem Heringslogger »Marie« (Eigentum der Kieler Hochseefischerei A.-G.), ist am 9. April 1924 gegen elf Uhr nachts im Altonaer Fischereihafen über Bord gefallen und ertrunken. Von der Besatzung hat niemand den Unfall gesehen, weil Meier sich allein an Bord befunden hat. Als Zeuge wird der Oberwachtmeister der Sipo gerufen, ein sehr junger Mann, der an jenem Abend am Kai Dienst hatte und auf der »Marie« einen Matrosen bemerkte, der den Steuerbord-Feuerturm hinaufkletterte und hierbei in die Elbe fiel. »Ich verständigte sofort die Hafenpolizei, die mit Dienstbarkasse und Totenangel herbeikam und nach einer Stunde den Leichnam aus dem Wasser fischte. Der Arzt stellte den Tod fest.«

Vorsitzender: »Wie haben Sie sich das erklärt, daß der Mann auf den Feuerturm des Schiffes kletterte?«

Zeuge: »Dort wird der Kajütenschlüssel versteckt, damit ihn die Leute holen können, wenn sie nachts nach Hause kommen.«

Vorsitzender: »Und woher wußten Sie, daß der Mann betrunken war?«

Zeuge: »Das weiß ich gar nicht.«

Vorsitzender: »Aber es steht hier in dem Protokoll, daß Sie das angegeben haben.«